워킹토킹 여행 일본어

신창호 저

Samyoung Publishing House

함께 떠나는 **워킹토킹**
여행 일본어

2012년 6월 20일 개정판 1쇄 발행
2017년 11월 20일 개정판 5쇄 발행

저　자　신창호
펴낸이　정정례
펴낸곳　삼영서관
디자인　디자인클립

주소　서울 동대문구 황물로 65-3 1F
전화　02) 2242-3668　팩스　02) 2242-3669
홈페이지　www.sysk.kr
이메일　syskbooks@naver.com
등록일　1978년 9월 18일
등록번호　제1-261호

ISBN　978-89-7318-359-3　13730

책값　9,500원(MP3 CD 포함)

해외여행의 진정한 동반자!!

요즘은 해외여행이 많이 보편화되어 신혼여행, 배낭여행, 어학연수, 가족여행 등등… 목적은 서로 다르지만 해외여행의 기회가 훨씬 많아졌다. 여행사를 통한 패키지 여행도 많지만, 배낭여행이 주류를 이루고 있는 요즈음 가이드에게 모든 걸 맡기지 않고 스스로 직접 말해야 할 필요성이 더욱 커졌다.

이제 관광은 보는 것만으로 만족할 수 없다. 직접 만져보고, 모르는 것은 스스로 물어서 알아내자. 사진 많이 찍어 오는 것? 관광 기념품 많이 사오는 것? 그곳 사람들과 한 마디라도 나누면서 직접 문화적 체험을 해보는 것이 더욱 뜻깊은 여행이 아닐까 싶다.

이 책은 여행자들의 그런 이국적 체험이 가능하도록 비행기를 타는 순간부터 집으로 돌아오기까지의 모든 상황에서 쓸 수 있는 어휘와 회화 문장을 찾기 쉽게 실어 놓았다. 이 여행 일본어 한 권이 현지에서의 당혹감으로부터 여러분을 해방시켜 줄 것이다.

보라. 쓰라. 한 손에 들고 있다고 여행 일본어가 모두 내 것은 아니다. 직접 펼쳐서 이모저모로 쉽게 써먹을 수 있는 진정한 여행의 길잡이가 될 이 책을 손에 쥐고 함께 떠나자!

Contents

Contents

핵심 단어 모음

여행정보
미리보기

여권과 비자 만들기

1_여권 만들기

여권이란 간단히 말해 한국인의 신분증이다. 다시 말하면 해외여행을 위해 외국으로 떠나는 사람에게 정부가 여행을 허가해 준 허가증이며, 여행 중 한국인임을 증명할 수 있는 신분증명서이다.

여권은 출국 수속과 비행기를 탈 때, 현지 입국과 귀국 수속 때, 여행자 수표를 현지 화폐로 환전할 때, 면세품을 구입할 때, 렌터카를 임대하거나 호텔에 투숙할 때, 해외여행 중 한국으로부터 송금된 돈을 찾을 때 등에 반드시 제시하여야 하며 신분증 역할을 하므로 해외여행 내내 소지하고 다녀야 한다.

해외여행 중 여권을 분실하였을 경우에는 가까운 대사관 또는 총영사관에 여권 분실신고를 하고 여행증명서나 단수여권을 발급받아야 한다.

현재는 여권 위·변조 및 여권 도용 억제를 통해 여권의 보안성을 극대화하고, 궁극적으로 해외를 여행하는 우리 국민들의 편의를 증진시키기 위해 전자여권이 도입되었다. 전자여권(ePassport, electronic passport)이란, 비첩촉식 IC칩을 내장하여 바이오인식정보(Biometric data)와 신원정보를 저장한 여권을 말한다.

여권 발급 시 필요한 서류

1. 여권발급신청서
2. 여권용 사진 1매(※긴급 사진부착식 여권 신청시에는 2매 제출)
3. 신분증
4. 재외공관에서의 신청 경우 : 주재국의 체류허가서(입국비자 등)
5. 18세 이상 35세 이하 남자의 경우(군미필자 및 군복무를 마치지 아니한 자)
    • 국외여행허가서(25세 이상 35세 이하)
    • 기타 병역 관계 서류
6. 미성년자(18세 미만)의 경우
    • 여권 발급동의서(동의자가 직접 신청하는 경우 생략)
    ※ 동의자(부모, 친권자, 후견인 등 법정대리인) 작성

2_비자 만들기

여비자는 방문하고자 하는 상대국의 정부에서 입국을 허가해주는 일종의 허가증이다. 이것이 없을 경우 입국을 거부당한다. 여행계획을 세우고 방문국가가 결정되면 방문하고자 하는 나라에서의 비자 필요여부를 꼭 확인해야 한다.

비자가 필요한 국가들 중에는 방문 목적에 따라, 체류기간이 다를 수도 있고, 요구하는 구비서류가 다른 경우가 있다.

최근 우리나라는 많은 나라들과 비자 면제 협정을 맺고 있으며, 이들 국가들은 단기간의 여행시에는 비자가 필요치 않으나, 허용하는 기간을 초과하여 체류할 때에는 반드시 체류목적에 맞는 비자를 받아야 한다.

비자에는 입국의 종류와 목적, 체류기간 등이 명시되어 있으며, 여권의 사증에 스탬프나 스티커를 붙여 발급하게 된다. 사증발급은 재외 한국대사관이나 총영사관에 신청하여야 한다.

비자 면제협정 체결국가 현황 (2009년 9월 1일 현재)

적용대상	국가명		
외교관(3개국)	우크라이나(90일), 우즈베키스탄(60일), 투르크메니스탄(30일)		
외교관 / 관용 (24개국)	필리핀(무제한), 파라과이(90일), 이란(3개월), 몽골(30일), 베넹(90일), 베트남(90일), 에콰도르(외교:업무수행기간, 관용:3개월), 사이프러스(90일), 벨리즈(90일), 이집트(90일), 파키스탄(3개월), 일본(3개월), 크로아티아(90일), 우루과이(90일), 인도(90일), 아르헨티나(90일), 러시아(90일), 알제리(90일), 벨라루스(90일), 아제르바이잔(30일), 캄보디아(60일), 카자흐스탄(90일), 방글라데시(90일), 라오스(90일)		
외교관 / 관용 / 일반	30일(1개국)	튀니지	
	60일(2개국)	포르투갈, 레소토	
	90일 (60개국)	아주지역 (4개국)	태국, 싱가포르, 뉴질랜드, 말레이시아
		미주지역 (24개국)	바베이도스, 바하마, 코스타리카, 콜롬비아, 파나마, 도미니카(공), 도미니카(연), 그레나다, 자메이카, 페루, 아이티, 세인트루시아, 세인트키츠네비스, 브라질, 세인트빈센트그레나딘, 트리니다드토바고, 수리남, 안티

외교관 / 관용 / 일반	90일 (60개국)	구주지역 (29개국)	구아바부다, 니카라과, 엘살바도르, 멕시코, 칠레, 과테말라, 베네수엘라(외교 · 관용:30일, 일반:90일)
			쉥겐국(25개국 중 슬로베니아 제외) 그리스, 오스트리아(외교 · 관용:180일), 스위스, 프랑스, 네덜란드, 벨기에, 룩셈부르크, 독일, 스페인, 몰타, 폴란드, 헝가리, 체코, 슬로바키아, 이탈리아, 라트비아 리투아니아, (이하 180일 중 90일) 에스토니아, 핀란드, 스웨덴, 덴마크, 노르웨이, 아이슬랜드 (포르투갈은 60일에 해당)
			비쉥겐국 리히텐슈타인, 영국, 아일랜드, 불가리아, 루마니아, 터키
		중동 · 아프리카지역	(3개국) 모로코, 라이베리아, 이스라엘

▶ 캐나다 : 상호합의에 의거 6개월간 사증면제(협정 미체결, 1998.4.10)

▶ 파키스탄 : 2001.10.1부터 일반여권 소지자에 대한 사증면제 일시중지 상태

▶ 방글라데시 : 2008.7.15일자로 일반여권 소지자에 대한 사증면제협정 일시정지

▶ 이탈리아 : 협정상의 체류기간은 60일이나 상호주의로 90일간 체류기간 부여 (2003.6.15)

▶ 일본 : 일반은 구상서 교환에 의한 90일간 사증면제 (외교 · 관용은 사증면제협정 체결)

▶ 우크라이나 : 우리국민에 대한 일방적 사증면제(2006.6.24부 발효), 우크라이나 국민은 사증필요

▶ 라오스 : 2009.8.1부터 협정 시행

1_공항 도착

적어도 출발 시간 3시간 전에는 공항에 도착하여야 한다.

공항에 도착하면 3층 출발층에 있는 운항정보 안내모니터에서 탑승할 항공사와 탑승수속카운터(A~M)를 확인한 후 해당 탑승수속 카운터로 이동하여 탑승수속을 받아야 한다.

2_항공사 탑승수속

- **좌석배정**

  해당 항공사 카운터에서 좌석을 배정 받고, 위탁수하물을 보낸다.

- **위탁수하물 보내기**

  – 항공사별, 노선별, 좌석 등급별로 무료 운송 가능 기준에 차이가 있으니 항공사로 미리 확인하여야 한다.

  – 위탁수하물로 보낼 짐과 기내에 가지고 들어갈 짐을 미리 정리하여 수속하도록 한다.

  – 기내에 가지고 들어갈 수 없는 물품은 위탁수하물로 보내도록 한다. 가급적 카메라, 귀금속류 등 고가의 물품과 도자기, 유리병 등 파손되기 쉬운 물품은 직접 휴대하는 것이 좋다.

- **기내 반입 물품 기준(항공기 좌석 위 선반)**

  일반석에 적용되는 수하물의 크기와 무게는 개당 $55 \times 40 \times 20$(cm) 3면의 합 115(cm) 이하로써 10kg~12kg까지이다.

- **위탁수하물 무료 허용 기준(화물칸으로 운반)**

통상적으로 미주구간은 23kg 2개까지이다.

 **기내반입 금지물품**

기내반입금지물품(Restrict Items)이라 함은 항공기 안전운항 및 여객의 생명과 재산을 보호하기 위하여 비행기에 탑승하는 모든 승객이 휴대하는 물품 중 휴대 및 탑재가 금지되는 물품을 말하며, 기내반입금지물품을 휴대 또는 탑재할 경우 해당물품은 기내반입이 금지되며, 범죄혐의가 있을 경우에는 경찰에 인계되어 처벌될 수 있다.

칼, 가위, 면도칼 등 뾰족하거나 날카로운 물품/총기류 및 장난감 총/불꽃놀이, 폭죽, 신호탄, 모형 권총, 라이터, 최루가스/향수/전해물 건전지/휴대용 버너, 부탄가스, SCUBA탱크/페인트, 광택제, 헤어스프레이(래커)/유독성 물질, 방사성 물질/확학 물품, 화학 비료, 제초제, 구충제, 살충제/페인트 박리재, 표백제, 염소, 세척제/연료, 희석제, 용제, 아세톤과 같은 가연성 액체/수은체온계, 기압계

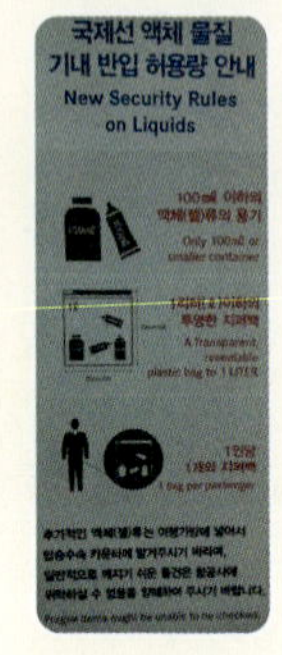

3_출국신고서 작성

2006년 8월 1일부터는 출국신고서가 전면적으로 생략되어 한결 빠르고 편하게 출국심사를 받을 수 있다.

4_병무 · 검역 신고

병역 의무자가 국외를 여행하고자 할 때에는 병무청에 국외여행허가를 받고 출국 당일 법무부 출입국에서 출국심사 시 국외여행허가 증명서를 제출하여야 한다.

- **병무신고대상**

  _ 25세 이상 병역미필 병역의무자(영주권 사유 병역연기 및 면제자 포함)

  _ 연령제한 없이 현재 공익근무요원 복무중인 자, 공중보건의사, 징병전담의사, 국제협력사, 공익법무관, 공익수의사, 국제협력요원, 전문연구요원/산업기능요원으로 편입되어 의무종사 기간을 마치지 아니한 자.

5_세관신고

미화 1만불을 초과하는 일반 해외 여행경비 휴대 반출 시에는 세관 외환신고대에 신고하여야 한다.

여행 중 사용하고 다시 가져올 귀중품 또는 고가품은 출국하기 전 세관에 신고한 후 "휴대물품반출신고(확인)서"를 받아야 입국 시에 면세를 받을 수 있다.

6_출국보안심사

여권, 탑승권을 출국장 입장 시 보안요원에게 보여 준다.

▶ 휴대물품을 X-ray 검색대 벨트 위에 올려 놓는다.

▶ 겉옷과 소지품(휴대폰, 열쇠, 지갑, 동전 등)도 모두 꺼내 검색용 바구니에 넣는다.

▶ 문형탐지기 통과 후 검색요원의 검색을 받는다.

7_출국 심사

● 출국심사절차

1. 출국심사대 앞 대기선에서 기다린다.
2. 모자(선글라스)는 벗고, 대기중 휴대폰 통화는 자재한다.
3. 여권, 탑승권을 제시한다.
4. 여권에 출국확인을 받고 여권을 반환 받는다.
5. 출국심사대를 통과한다.

출국 심사 후 면세지역에서는 현금출금 및 휴대폰 로밍이 불가하니 출국심사 전에 미리 현금출금 및 휴대폰 로밍 등 여행에 필요한 준비를 마쳐야 한다.

8_탑승

이제 출국을 위한 수속은 모두 끝났다. 가장 먼
저 할 일은 탑승구 위치를 확인하는 것이다. 늦
어도 출발 시간 30분 전에는 게이트에 미리 도
착해 있도록 한다. 항공기 출발 30분 전에 탑승
을 시작하여 10분 전에 탑승이 마감되니 탑승
에 늦지 않도록 주의하여야 한다.

시내 면세점에서 미리 구입한 물품은 면세품 인도장에서 수령하도록 한다. 탑
승 시간까지 대합실에서 휴식을 취하거나 면세점을 이용해 보자.

9_환전

일반적인 해외여행에서 미국달러로만 준비하
는 경우가 많은데, 대부분 그 나라의 화폐로 환
전해 가는 것이 현지에서 다시 재환전을 하는
데 드는 비용과 번거로움을 줄일 수 있다.

유럽에서는 미국달러를 현지화로 바꾸는데 수
수료를 지불해야 하는 경우도 있으므로 현지화

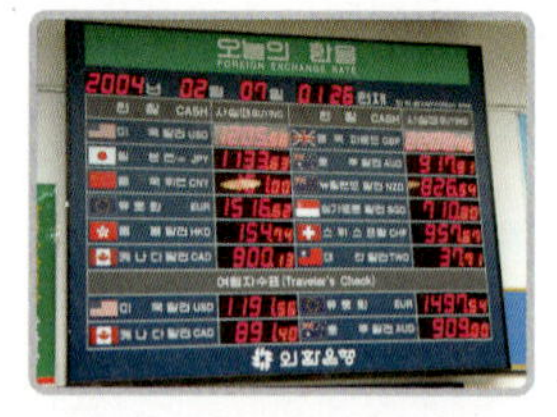

나 유로화, 여행자수표를 준비하는 것이 여러모로 편리하다. 일본이나 홍콩 등
지는 그 나라의 통화로 바꾸어 사용하는 것이 유리하다.

2002년 1월 이후 유럽단일화폐인 유로화가 사용되고 있기 때문에 유럽 여행
을 다니면서 화폐를 바꿔야 하는 번거로움이 줄어들었다. 단, 영국, 스위스, 스
웨덴, 노르웨이 등과 같이 유로화 비 가맹국으로 여행할 때에는 현지 화폐를
준비해야 한다. 그리고 대부분 유로화 비 가맹국인 동유럽 국가에 갈 경우에는
달러를 준비해서 현지에서 환전한다.

유로화 현금 지폐는 5, 10, 20, 50, 100, 200, 500 단위로 발행된다.

● **유로화 가맹국**

그리스, 네덜란드, 독일, 룩셈부르크, 벨기에, 스페인, 아일랜드, 오스트리
아, 이탈리아, 프랑스, 핀란드

● **유로화 비 가맹국**

노르웨이, 스위스, 스웨덴, 영국, 동유럽 국가들

10_여행자보험

여행 중 각종 손해를 보상하는 보험으로, 여행 기간에만 보험에 가입하기 때문에 보험료가 저렴한 것이 특징이다.

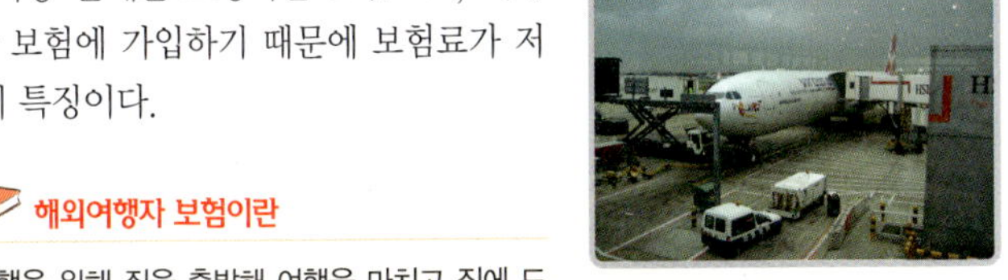

해외여행자 보험이란

해외여행을 위해 집을 출발해 여행을 마치고 집에 도착할 때 까지 우연히 발생한 사고나 질병, 손해, 휴대품 손해, 비행기 납치 등을 보상받을 수 있는 보험으로 해외여행을 하고자 할 때 필요하다.

▶ 신체상해 손해와 질병치료, 휴대품 및 배상책임 손해 등 여행 중 일어날 수 있는 다양한 위험에 대비할 수 있는 휴가철 필수보험이며, 국내여행보험과 해외여행보험 2종류가 있다. 가입은 성별, 연령 등에 제한 없이 모든 여행자가 가입할 수 있다.

▶ 해외여행보험의 경우 여행을 떠나기 1주일 전에 가입해 두는 것이 좋으며, 단체인 경우에는 여행사가 일괄 가입하는 것이 일반적이므로 출발 전에 보험가입 내용을 확인해야 한다.

▶ 만 1세 이상 70세 미만의 여행자들이 가입할 수 있으며(15세 미만의 여행자는 15세 미만 여행자보험, 70세 이상의 여행자는 고령자 해외여행보험 가입), 3개월 이하 단기간 여행하는 경우에 가입할 수 있다. (3개월 이상 여행하는 경우에는 해외장기출장자보험 가입)

▶ 직업 또는 출국목적에 구애 받지 않고 아주 저렴한 비용으로 가입할 수 있다. 해외여행 중 휴대품 도난 시 보상하며, 면책금액이 적다는 장점이 있다.

● **보상 범위**

해외여행보험의 경우 국내여행보험과 보상범위가 같은데 여기에 가입자가 행방불명 돼 구조나 수색을 하게 될 경우 그 비용과 숙박비, 교통비 등 특별비용이 보장된다. 또 항공기가 납치된 경우에도 보험가입금액 한도에서 보상이 이루어진다. 그러나 보험계약자나 피보험자의 고의, 자살, 범죄, 행위로 인한 손해와 전쟁, 혁명, 내란, 소요로 인한 손해는 보상하지 않는다.

● **보험금 청구**

여행 중 사고가 난 경우 보상청구는 어떻게 해야 할까?

상해사고나 질병, 도난사고가 발생 한 경우에는 병원의 치료비 영수증과 현지 경찰서에 접수한 휴대품 도난신고서 등 입증서류를 구비해 보험회사에

청구하면 심사 후 보험금을 지급한다.

- **휴대품 손해 보상**

  휴대품 손해는 보험가입금액 한도에서 휴대품 1품목(1개, 1조, 1쌍)당 20만원을 한도로 보상해 준다. 그러나 휴대품이라고 해도 현금, 유가증권, 항공권, 원고, 설계서와 의치, 콘택트렌즈 등의 손해는 보상하지 않는다. 또 본인의 과실에 의한 분실, 방치 등에 의한 손해도 보상하지 않으므로 주의해야 한다.

여행자보험

- ☐ 현금
- ☐ 여권
  (가족여권인 경우 동반자 기재사항 확인)
- ☐ 비자(목적지, 경유지 국가)
- ☐ 예방접종 카드(여권과 함께 철함)
- ☐ 항공권(예약 재확인)

- ☐ 사진(비자용 예비 포함)
- ☐ 여행자 보험
- ☐ 국제 운전면허증
- ☐ 예약 호텔 전화번호
- ☐ 항공사 현지 전화번호
- ☐ 현지 방문자 전화번호

준비물

세면도구	☐ 치약 ☐ 칫솔 ☐ 면도기(건전지용) ☐ 손톱깎기 ☐ 생리용품 ☐ 바디샴푸
화장품	☐ 기초화장품 ☐ 화운데이션 ☐ 색조화장품 ☐ 파우더 ☐ 선탠오일
안경	☐ 선글라스 ☐ 콘텍트렌즈 ☐ 식염수 ☐ 렌즈클리너 ☐ 예비용 안경(분실 파손시)
재봉봉품	☐ 실 ☐ 비늘 ☐ 시침핀 ☐ 수형가위 ☐ 단추
수첩	☐ 여권번호 ☐ 항공권번호 ☐ 여행자 수표번호 ☐ 신용카드 번호 등 기재
참고도서	☐ 영한사전 및 관광 안내책자 ☐ 지도
비상약품	☐ 소화제 ☐ 위장약 ☐ 설사약 ☐ 감기약 ☐ 진통제 ☐ 멀미약 ☐ 자신의 지병약 ☐ 일회용 밴드
필기도구	☐ 볼펜 2개 정도
의류	☐ 긴팔 셔츠 ☐ 바지 ☐ 정장(고급 레스토랑에서 식사할 경우 필요) ☐ 재킷 ☐ 속옷 ☐ 양말
신발	☐ 운동화 ☐ 샌들
카메라	☐ 소형(필름은 여유있게)
기타	☐ 기념품(우리나라 토산품 · 공예소품 등을 준비)

출국 수속 절차

공항 도착
출발 2시간 전
휴대폰 로밍, 환전

항공사 탑승 수속
항공기 소속사의 데스크에서
수하물 위탁 · 좌석 배정

세관신고 및 병역신고

출국 심사장
청사 3층

출국 보안 심사
청사 3층 : 인원 휴대품 검사

출국 심사
여권 · 탑승권 준비

대합실 대기
필요시 면세점 쇼핑

탑승
여권, 탑승권 준비하여 탑승 게이트로
출발 30분 전에 도착

일본어 맛보기

일본어에 쓰이는 문자는 히라가나(ひらがな)와 가타카나(カタカナ)의 두 종류가 있다. 또한 일본도 한국과 중국처럼 한자문화권에 속하므로 이 두 종류 이외에도 한자가 널리 사용된다.

히라가나(ひらがな)

	あ단(a)	い단(i)	う단(u)	え단(e)	お단(o)
あ행	あ (아)	い (이)	う (우)	え (에)	お (오)
か행(k)	か (카)	き (키)	く (쿠)	け (케)	こ (코)
さ행(s)	さ (사)	し (시)	す (스)	せ (세)	そ (소)
た행(t)	た (타)	ち (치)	つ (츠)	て (테)	と (토)
な행(n)	な (나)	に (니)	ぬ (누)	ね (네)	の (노)
は행(h)	は (하)	ひ (히)	ふ (후)	へ (헤)	ほ (호)
ま행(m)	ま (마)	み (미)	む (무)	め (메)	も (모)
や행(y)	や (야)		ゆ (유)		よ (요)
ら행(r)	ら (라)	り (리)	る (루)	れ (레)	ろ (로)
わ행(w)	わ (와)				を (오)
	ん (응)				

발음은 일본어음과 가장 근접한 한국어를 대응시켜 놓았지만, 참고로 하는 것이 좋으며 정확한 발음은 테이프를 듣고 흉내낸다는 기분으로 익히도록 하자.

가타카나(カタカナ)

	ア단(a)	イ단(i)	ウ단(u)	エ단(e)	オ단(o)
ア행	ア (아)	イ (이)	ウ (우)	エ (에)	オ (오)
カ행(k)	カ (카)	キ (키)	ク (쿠)	ケ (케)	コ (코)
サ행(s)	サ (사)	シ (시)	ス (스)	セ (세)	ソ (소)
タ행(t)	タ (타)	チ (치)	ツ (츠)	テ (테)	ト (토)
ナ행(n)	ナ (나)	ニ (니)	ヌ (누)	ネ (네)	ノ (노)
ハ행(h)	ハ (하)	ヒ (히)	フ (후)	ヘ (헤)	ホ (호)
マ행(m)	マ (마)	ミ (미)	ム (무)	メ (메)	モ (모)
ヤ행(y)	ヤ (야)		ユ (유)		ヨ (요)
ラ행(r)	ラ (라)	リ (리)	ル (루)	レ (레)	ロ (로)
ワ행(w)	ワ (와)				ヲ (오)
	ン (응)				

일본어문은 한국어문과 비슷한 부분이 많다. 하지만 한국어순 그대로 일본어로 고친다고 해서 일본어가 되는 것은 아니다.

기본적인 형식은 다음과 같다.

한국어	나는 학생이다. **나**(명사) + **는**(조사) + **학생**(명사) + **이다**(조사) + **.**(마침표)
일본어	私は 学生だ。 나는 학생이다. **私**(명사) + **は**(조사) + **学生**(명사) + **だ**(조동사) + **。**(句点)

역과 전철에서의 안내방송

홈으로 전철이 들어오기 전 역 구내에서 주로 몇 번 선으로, 어느 곳으로 가는지, 어떤 종류의 열차가 들어오는 것인지에 대한 안내를 해준다. 집중해서 들어야 할 것은 [まもなく]라는 멘트 다음에 오는 말로서 몇 가지 경우가 있으므로 여러 번 들어두는 것이 도움이 될 것이다. 대표적인 형태는 다음과 같다.

1) 이용 홈, 열차종류, 종착역(경유역)에 대한 안내를 해 주는 경우

まもなく　4番線に　普通　深谷行きが　まいります。

마모나꾸 욤-반-센-니 후츠- 후카야 유끼가 마이리마스

잠시 후 4번 홈으로 후카아행 보통 열차가 들어옵니다.

① 이용 홈 : 몇 번 홈으로 들어오는 것인지에 대한 안내

② 열차의 종류 : 일본의 열차는 종류가 굉장히 많으나 전철에서 흔히 이용하는 것은 [보통열차]급이며, 요코하마나 시외곽으로 나갈 경우는 쾌속열차(快速; 카이소꾸)를 이용하기도 한다. 쾌속열차의 경우 정차하지 않는 역도 있을 수 있으므로 주의하여야 한다. 정차하지 않는 역에 대한 안내방송에 관해서는 뒤에 설명되어 있다.

③ 종착역(경유역) : 종착역이나 순환선인 경우 어느 방향으로 가는 열차인지에 대한 안내

2) 이용 홈과 종착역(경유역)에 대한 안내만 해 주는 경우

まもなく　1番線に　甲府行きの　電車が　まいります。

마모나꾸 이치반- 센- 니 코-후 유끼노 덴-샤가 마이리마스

잠시 후 1번 홈으로 코후 행 전철이 들어옵니다.

① 이용 홈

② 종착역(경유역)

3) 1)과 같으나, 앞부분에 인사말이 덧붙여진 형태

①
お待たせ致しました。まもなく　5番線に　前橋からの　普通電車が
②　③　④
まいります。

오마타세이타시마시따. 마노나꾸 고반-센-니 마에바시까라노 후츠-덴-샤가 마이리마스

많이 기다리셨습니다. 잠시 후 5번 홈으로 마에바시에서 출발한 보통열차가 들어옵니다.

① 인사말
② 이용 홈
③ 시발역
④ 열차의 종류

〈일본의 지하철 안내전광판〉

홈에서 들을 수 있는 방송으로 종류는 주로 다음과 같다. 집중하여 듣지 않아도 되는 부분이므로 이런 것이 있다는 정도만 알아둔다.

あぶないですから、黄色い線まで おさがりください。
아부나이데스까라 키-로이센-마데 오사가리쿠다사이
위험하오니 노란색 선까지 물러나시기 바랍니다.

あぶないですから、黄色い線の内側まで おさがりください。
아부나이데스까라 키-로이선-노 우찌가와마데 오사가리쿠다사이
위험하오니 노란색 선 (뒤 쪽)까지 물러나시기 바랍니다.

発車します。ドアが しまりますから、ご注意ください。
핫-샤시마스 도아가 시마리마스까라 고츄-이쿠다사이
발차합니다. 문이 닫히므로 주의하시기 바랍니다.

かけこみ乗車は 危険ですから、おやめください。
카케코미죠-샤와 키켄-데스까라 오야메쿠다사이
(문이 닫힐 때) 뛰어들어 타는 것은 위험하므로 삼가해 주시기 바랍니다.

二番線 ドア―が 閉まります。ご注意ください。
니반-센- 도아-가 시마리마스 고츄-이쿠다사이
2번 홈 문이 닫힙니다. 주의하시기 바랍니다.

역에 따라서는 필요에 따라 보통 역에서는 들을 수 없는 안내방송을 하는 경우가 있다. 특별한 경우는 제외하고 들을 가능성이 있는 방송은 다음과 같다.

비정차역 안내

앞의 접근방송과 안내방송이 방송된 후 필요에 따라 정차하지 않는 역에 대한 안내를 하기도 한다. 대부분의 경우 특별한 시작 멘트는 없고, 바로 역이름이 나오고 뒷부분에 「~には 停車いたしません。」이라는 짧은 멘트만 덧붙여진다.

（この電車は）平和台、要町には 停車いたしません。
（코노 덴-샤와）헤-와다이. 카나메쵸-니와 테-샤이타시마셍-
(이번 열차는) 헤와다이, 카나메쵸에는 정차하지 않습니다.

일단 전철을 타게 되면 출입구 위쪽의 전광판을 이용하는 것이 가장 정확하다. 아래 사진과 같이 이번에 정차할 역, 열리는 문, 자세하게는 몇 번 차량의 어느 문을 이용하면 계단이 가장 가까운지에 대한 안내까지 받을 수 있으므로 대단히 편리하다. 차내에서 들을 수 있는 안내방송은 다음과 같다.

차내 안내방송

5番線に 停車中の 電車は 11時25分発 籠原行き 普通電車です。
고반-센-니 테-샤 츄-노 덴-샤와 쥬-이찌지 니쥬-고훈-하츠 카고하라 유끼 후츠-덴-샤데스
5번 홈에 정차중인 전철은 11시 25분발 카고하라행 보통열차입니다.

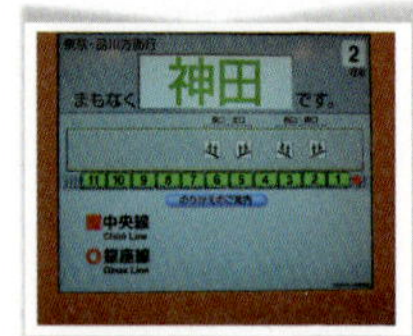

発車まで しばらく お待ちください。
핫-샤마데 시바라꾸 오마치쿠다사이
발차하기까지 잠시 기다려 주시기 바랍니다.

本日も ご利用いただきまして、ありがとうございます。
혼-지쯔모 고리요-이타다끼마시떼 아리가토-고자이마스
오늘도 이용해 주셔서 감사합니다.

この電車は 終点まで 禁煙と なって おりますので ご協力く ださい。
쿄노 덴-샤와 슈-텐-마데 킹-엔-또 낫-떼 오리마스노데 고쿄-료꾸 쿠다사이
이 전철은 종점까지 금연이므로 협조해 주시기 바랍니다.

도착역 안내방송

新宿、新宿です。ご乗車 ありがとうございます。
신-주꾸. 신-주꾸데스. 고죠-샤 아리가또-고자이마스
신주꾸, 신주꾸입니다. 승차해 주셔서 감사합니다.

여행 일본어 77개 표현으로 끝내기

1. ～て(で) ください　　～해 주세요.
2. ～たいです　　～(하)고 싶습니다.
3. ～です(か)　　～(ㅂ)니다(까?)
4. ～ても いいですか　　～해도 됩니까?
5. ～ました　　～(습)니까?
6. ～ますか　　～(ㅂ)니까?
7. ～を ください　　～을 주세요.

1. 가르쳐 주십시오.
教えて ください。
오시에떼 쿠다사이

2. 내려 주십시오.
下ろして ください。
오로시떼 쿠다사이

3. 써주세요.
書いて ください。
카이떼 쿠다사이

4. 와주세요.
来て ください。
키떼 쿠다사이

5. 도와주세요.
たすけて ください。
타스케떼 쿠다사이

6. 전화해 주세요.
電話して ください。
뎅-와시떼 쿠다사이

7. 신고해 주세요.
届けて ください。
토도케떼 쿠다사이

8. 고쳐주세요.
治して ください。
나오시떼 쿠다사이

9. 기다려 주세요.
待って ください。
맛-떼 쿠다사이

10. 보여주세요.
見せて ください。
미세떼 쿠다사이

11. 손가락으로 가리켜 주세요.
指で さして ください。
유비데 사시떼 쿠다사이

12. 택시를 불러주십시오.
タクシーを 呼んで ください。
타쿠시-오 욘-데 쿠다사이

1. 아카사카에 가고 싶습니다.
赤坂に 行きたいです。
아카사카니 이키타이데스

2. 함께 사진을 찍고 싶습니다.
一緒に 写真を 撮りたいです。
잇-쇼니 샤싱-오 토리타이데스

3. 한국에 전화하고 싶습니다.
韓国に 電話したいです。
캉-코쿠니 뎅-와시타이데스

4. 사이즈를 바꾸고 싶습니다.
サイズを 替えたいです。
사이즈오 카에타이데스

5. 맥주를 마시고 싶습니다.
ビールが 飲みたいです。
비-루가 노미타이데스

1. 저의 여권(사진/티켓)입니다.
私の パスポート（写真/チケット）です。
와따시노 파스포-토（샤싱-/치켓-또）데스

2. 저는 학생(회사원/주부)입니다.
私は 学生（会社員/主婦）です。
와따시와 각-세-（카이샤잉-/슈후）데스

3. 얼마(어디/언제)입니까?
いくら（どこ/いつ）ですか。
이꾸라（도꼬/이츠）데스까

4. 입구(출구)는 어디입니까?
入り口（出口）は どこですか。
이리구찌（데구찌）와 도꼬데스까

5. 뜨겁(차갑)습니까?
熱い（冷たい）ですか。
아쯔이（츠메타이）데스까

6. 깨끗합(더럽습)니까?
きれい（汚い）ですか。
키레-（키타나이）데스까

1. 담배를 피워도 됩니까?
たばこを すっても いいですか。
타바꼬오 슷-떼모 이-데스까

2. 이것 먹어도 됩니까?
これ たべても いいですか。
코레 타베떼모 이-데스까

3. 이 볼펜 써도 됩니까?
この ボールペン つかっても いいですか。
코노 보-루펭- 쯔캇-떼모 이-데스까

4. 이것 마셔도 됩니까?
これ のんでも いいですか。
코레 논-데모 이-데스까

5. 들어(나)가도 됩니까?
はいっ(出)ても いいですか。
하잇-(데)떼모 이-데스까

6. 이 구두 신어 봐도 됩니까?
この くつ はいて みても いいですか。
코노 쿠쯔 하이떼 미떼모 이-데스까

7. 입어 봐도 됩니까?
試着して みても いいですか。
시챠꾸시테 미테모 이-데스까

1. 감사했습니다.
ありがとうございました。
아리가또- 고자이마시따

2. 실례했습니다.
失礼しました。
시쯔레-시마시따

3. 호텔이름을 잊어버렸습니다.
ホテルの 名前を 忘れました。
호테루노 나마에오 와스레마시따

4. 네, 알겠습니다.
はい、わかりました。
하이 와카리마시따

5. 실례했습니다.
おじゃましました。
오쟈마시마시따

6. 가방을 잃어버렸습니다.
かばんを なくしました。
카방-오 나꾸시마시따

7. 상처를 입었습니다.
けがを しました。
케가오 시마시따

1. 관광안내도(교통노선도) 있습니까?
観光案内図（交通路線図） ありますか。
캉-꼬-안-나이즈(쿄-츠-로센-즈) 아리마스까

2. 한국어를 말할 수 있습니까?
韓国語が 話せますか。
캉-코꾸고가 하나세마스까

3. 이 전철은 시부야에 갑니까?
この 電車は しぶやへ 行きますか。
코노 덴-샤와 시부야에 이끼마스까

4. 몇 시에 도착(출발)합니까?
何時に 着き（出発し）ますか。
난-지니 쯔끼(슙-빠쯔시)마스까

5. 신주꾸까지는 얼마나 걸립니까?
新宿までは どれぐらい かかりますか。
신-주꾸마데와 도레구라이 카카리마스까

6. 긴자선은 어느 역에서 갈아탑니까?
銀座線は どの駅で のりかえますか。
긴-자센-와 도노 에끼데 노리카에마스까

7 ~を ください ~을 주세요.

1. 이것(그것/저것)을 주십시오.
これ(それ/あれ)を ください。
코레(소레/아레)오 쿠다사이

2. 하마마츠쵸(긴자/하라주쿠)행 승차권을 주십시오.
浜松町(銀座/原宿) 行きの 切符を ください。
하마마츠쵸-(긴-자/하라쥬꾸) 유끼노 킵-뿌오 쿠다사이

3. 입장권(버스승차권)을 주십시오.
入場券(バスのチケット)を ください。
뉴-죠-켕-(바스노치켓-또)오 쿠다사이

4. 커피 (주스/차/홍차/콜라/물)를 주십시오.
コーヒー(ジュース/お茶/紅茶/コーラ/お水)
をください。
코-히-(쥬-스/오차/코-챠/코-라/오미즈)오 쿠다사이

5. 우동(볶음밥/돈까스)을 주십시오.
うどん(チャーハン/豚カツ)を ください。
우동-(차-항-/통-까츠)오 쿠다사이

6. 안내지도(버스노선도)를 주십시오.
案内地図(バスの路線図)を ください。
안-나이치즈(바스노 로센-즈)오 쿠다사이

표지판

- 안내 — ご案内 — 고안-나이
- 알림 — お知らせ — 오시라세
- 횡단금지 — 横断禁止 — 오-단-킨-시
- 넘어가지 마시오. — 乗り越え禁止 — 노리코에킨-시
- 꽁초를 버리지 마시오. — ポイ捨て禁止 — 포이스테킨-시
- 음악연주 금지 — 音楽演奏禁止 — 옹-가꾸엔-소-킨-시
- 출입금지 — 立ち入り禁止 — 타찌이리킨-시

안내문

도로에서 물건판매나 사람들을 모으는 행위 등은 할 수 없습니다.
道路上での 品物の 販売や 人寄せ行偽などは できません。
도-로죠-데노 시나모노노 함-바이야 히또요세코-이와 데끼마셍-

가게 안에서는 조용히 해 주시기 바랍니다.
店内では お静かに お願いいたします。
텐-나이데와 오시즈까니 오네가이이타시마스

귀중품은 반드시 본인이 관리하기 바랍니다.
貴重品は 必ず お手元から はなさないで 下さい。
키쵸-힝-와 카나라즈 오테모토까라 하나사나이데 쿠다사이

애완동물은 입장할 수 없습니다.
ペットを 連れての ご入場は できません。
펫-또오 쯔레떼노 고뉴-죠-와 데끼마셍-

의문사항이 있으시면 언제든지 문의하시기 바랍니다.
わからない事は お気軽に お問い合わせください。
와까라나이코또와 오키가루니 오토이아와세쿠다사이

기본 표현

① 인사

1. **(아침에) 안녕하세요.**
おはようございます。
오하요- 고자이마스

2. **(점심에) 안녕하세요.**
こんにちは。
콘-니치와

3. **(저녁에) 안녕하세요.**
こんばんは。
콤-방-와

4. **안녕히 주무세요.**
おやすみなさい。
오야스미나사이

5. **안녕히 가세요.**
さようなら。
사요-나라

② 첫 만남에서

1. 처음 뵙겠습니다.
はじめまして。
하지메마시떼

2. 저의 이름은 홍길동입니다.
わたしの なまえは ホンギルドンです。
와타시노 나마에와 홍길동데스

3. 이것은 저의 명함입니다.
これは 私の 名刺です。
코레와 와타시노 메-시데스

4. (명함을 받으며) 감사합니다.
いただきます。
이타다키마스

5. 잘 부탁합니다.
よろしく おねがいいたします。
요로시쿠 오네가이 이타시마스

6. 저야말로 잘 부탁드립니다.
こちらこそ よろしく おねがいいたします。
코치라코소 요로시쿠 오네가이 이타시마스

7. 잘 오셨습니다.
ようこそ。
요-코소

8. 일본에는 언제 오셨습니까?
日本には いつ 来ましたか。
니혼-니와 이츠 키마시타카

9. 어제(그저께/3일 전에/일주일 전에) 왔습니다.
昨日（一昨日/三日前に/一週間前に）着きました。
키노-（오토토이/믹-까마에니/잇-슈-깐-마에니） 츠키마시따

10. 학생(회사원/주부/선생님)입니까?
学生（会社員/主婦/学校の先生）ですか。
각세-（카이샤잉-/슈후/각-꼬-노 센-세-）데스까

11. 네, 학생(회사원/주부/선생님)입니다.
はい、学生（会社員/主婦/学校の先生）です。
하이 각-세-（카이샤잉-/슈후/각-꼬-노 센-세-）데스

12. 이건 한국에서 가져온 기념품(선물)입니다.
これは 韓国から 持ってきた お土産（プレゼント）です。
코레와 캉-코쿠카라 못-테 키타 오미야게（푸레젠-토）데스

13. 그리 좋은 물건은 아니지만….
たいした ものでは ありませんが…。
타이시타 모노데와 아리마셍-가

14. (정말) 감사합니다.
どうも ありがとうございます。
도-모 아리가토- 고자이마스

15. 천만에요.
どう いたしまして。
도- 이타시마시테

③ 헤어질 때

1. 그동안 감사했습니다.
どうも ありがとうございました。
도-모 아리가또- 고자이마시따

2. 별말씀을요.
どう いたしまして。
도- 이타시마시떼

3. 그동안 폐를 많이 끼쳤습니다.
いろいろと お世話に なりました。
이로이로또 오세와니 나리마시따

4. 또 오십시오.
また、来てください。
마타 키테쿠다사이

5. 한국에 오면 꼭 연락주세요.
韓国に 来たら ぜひ お知らせください。
캉-코쿠니 키타라 제히 오시라세쿠다사이

6. 제 이메일 주소입니다.
私のメール アドレスです。
와타시노 메-루 아도레스데스

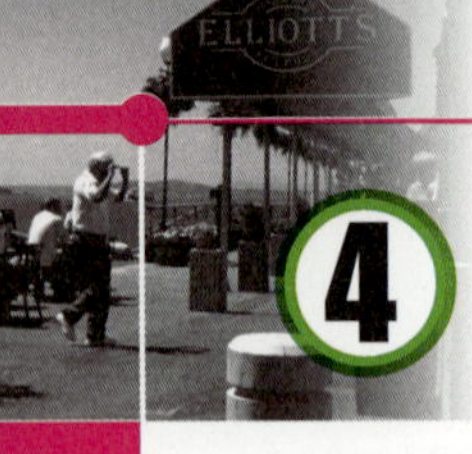

④ 그 외 표현

1. 예

はい。

하이

---

2. 네, 그렇습니다.

はい、そうです。

하이 소-데스

---

3. 아니오.

いいえ。

이-에

---

4. 아니오, 틀립니다.

いいえ、ちがいます。

이-에 치가이마스

---

5. 죄송합니다.

すみません。

스미마셍-

---

6. 괜찮습니다.

だいじょうぶです。

다이죠-부데스

---

7. 저, 실례합니다.

あの、失礼します。

아노- 시츠레-시마스

8. 네, 알겠습니다.
はい、分かりました。
하이 와카리마시타

9. 아니오, 잘 모르겠습니다.
いいえ、よく わかりません。
이-에 요쿠 와카리마셍-

10. 다시 한 번 말해주세요.
もう いちど おっしゃって ください。
모- 이치도 옷-샷-테 쿠다사이

11. 천천히 말씀해 주시겠습니까?
もっと ゆっくり 話して ください。
못-또 육-꾸리 하나시테 쿠다사이

12. 여기에 써 주시겠습니까?
ここに 書いて もらえますか。
코코니 카이떼 모라에마스까

13. 감사합니다.
ありがとう ございます。
아리가또- 고자이마스

14. 이것은 무엇입니까?
これは 何ですか。
코레와 난-데스까

인천 국제공항 버스운행노선　Sense Click!!

구로
구로역　라이프 공구　갈산초교　진명여고　목동5거리　목동4거리　대일고교
인천공항　김포공항　송정역　발산역　88체육관　화곡동입구　수도통합병원

동대문
동대문　광화문　합정역　김포공항　인천공항

시청
충정로　광화문　시청　서울역　공덕동　마포　강변북로　인천공항

잠실1
롯데월드　삼성역　강남터미널　국립묘지　강서구청　김포공항　인천공항

잠실2
롯데월드　삼성역　역삼동　강남터미널　88대로　인천공항

청량리
청량리　동대문　광화문　합정역　인천공항

강남
팔레스　리츠칼튼　노보텔　인터콘티넨탈　르네상스　팔레스맞은편　김포공항　인천공항

강남터미널
강남터미널　인천공항

김포공항
김포공항　인천공항

남산1
신라　앰버서더　타워　하얏트　힐튼　서울역　홀리데이인서울　강변북로　김포공항
인천공항　강변북로　홀리데이인서울　서울역　힐튼　하얏트　타워　앰버서더　신라

남산2
인천공항　김포공항　홀리데이인　힐튼　하얏트　신라　타워　앰버서더
인천공항　서울역　힐튼　하얏트　신라　타워

도심터미널1
강남도심공항터미널　김포공항　인천공항

도심터미널2
도심터미널　인천공항

동서울
워커힐　동서울터미널　롯데월드　김포공항　인천공항　롯데월드　동서울터미널　워커힐

방학사거리
방학동　소피아호텔　노원역　하계역　태릉입구역　김포공항　인천공항

서울역
서울역　인천공항

여의도
여의도　인천공항

시청
인천공항　김포공항　코리아나　프라자　롯데　조선　KAL　인천공항

출국 · 기내

한국국적의 비행기에서는 일본어를 사용할 일이 없으나, 외국국적의 비행기에서는 한국어를 할 수 없는 승무원이 대부분이고, 특히 일본 승무원의 경우는 영어발음이 이상한(?) 경우도 많아 쉬운 내용이라도 알아듣지 못하는 경우도 있다. 본문 중에 기내에서 사용할 수 있는 회화표현의 대부분이 수록되어있지만, 도저히 의사소통이 안 될 경우에는 영어로 종이에 써달라고 하는 것이 최후의 수단이 될 수 있을 것이다.

① 자리 찾아가기

1. 어서 오십시오.
いらっしゃいませ。
이랏-샤이마세

2. 죄송합니다만, 탑승권을 보여주시겠습니까?
恐れ入りますが、搭乗券を 拝見いたします。
오소레 이리마스가 토-죠-켕-오 하이켄-이타시마스

3. (티켓을 승무원에게 보여주며) 제 자리는 어디인가요?
私の 席は どこですか。
와타시노 세키와 도코데스까

4. 45A니까 뒷(앞) 쪽의 왼쪽(오른쪽) 창가(통로) 자리입니다.
45Aですから 後ろ(前)の ほうの 左側(右側)の
窓(通路)側の 席です。
욘-쥬-고에더스까라 우시로(마에)노 호노 히다리가와(미기가와)노 미도(츠-로)가와노 세까데스

5. 잘 모르겠습니다. 안내해 주실 수 있나요?
よく 分かりません。案内して もらえますか。
요꾸 와카리마셍- 안-나이시테 모라에마스까

6. 안내해 드리겠습니다.
ご案内いたします。
고안-나이 이타시마스

7. 감사합니다.
ありがとうございます。
아리가토-고자이마스

8. 별 말씀을요.
どう いたしまして。
도- 이타시마시떼

9. 따라오십시오.
フォローミ プリーズ。
호로-미 푸라-즈

구명조끼	금연석	남승무원	도착
救命胴衣 큐-메-도-이	禁煙席 킹-엔-세끼	スチュワード 스츄와-도	到着 토-챠꾸
흡연석	베개	비상구	산소마스크
喫煙席 키츠엔-세끼	枕 마쿠라	非常口 히죠-구찌	酸素マスク 산-소마스쿠
승무원	신문	여승무원	이륙
乗務員 죠-무잉-	新聞 심-붕	スチュワーデス 스츄와-데스	離陸 리리꾸
잡지	좌석번호	착륙	창측
雑紙 잣-시	座席番号 자세끼 방-고-	着陸 챠쿠리꾸	窓側 마도가와
출국	탑승권	통로측	항공권
出国 슉-코쿠	搭乗券 토-죠-켕-	通路側 츠-로가와	航空券 코-쿠-켕-

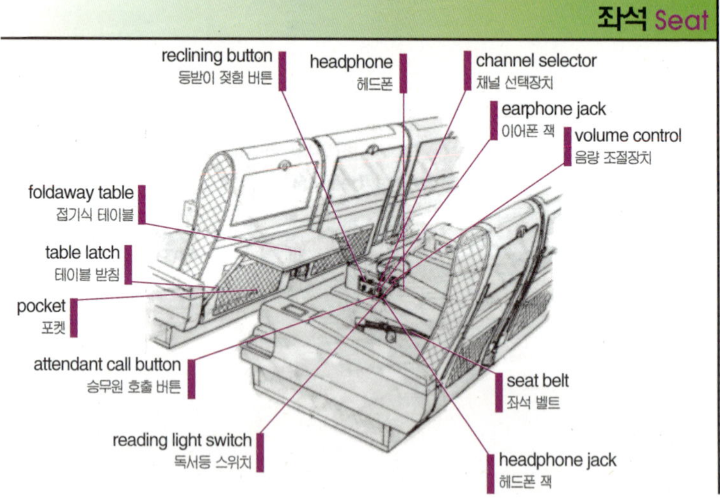

overhead reading light
(머리 위) 독서등
"fasten seat belt" sign
좌석벨트 착용 사인
seat number
좌석번호
adjustable air outlet
환기장치
overhead bin/
stowage compartment/closet
수하물 놓는 곳
headrest cover
면커버
armrest
팔걸이
backrest
등받이
ashtray
재떨이
aisle
통로

reclining button
등받이 젖힘 버튼
headphone
헤드폰
channel selector
채널 선택장치
earphone jack
이어폰 잭
volume control
음량 조절장치
foldaway table
접기식 테이블
table latch
테이블 받침
pocket
포켓
attendant call button
승무원 호출 버튼
seat belt
좌석 벨트
reading light switch
독서등 스위치
headphone jack
헤드폰 잭

좌석 Seat

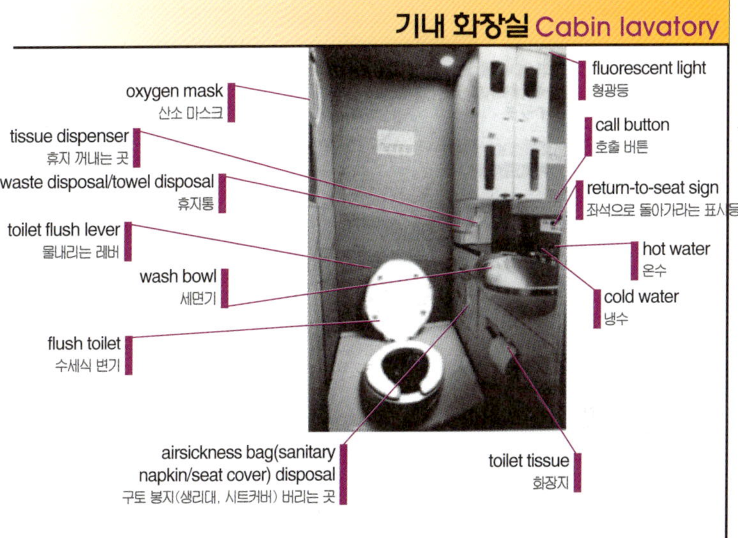

기내 화장실 안내문

비었음	Vacant	베이컨트
사용중	Occupied	아큐파이드
버튼을 누르시오	Push button	푸쉬 버튼
화장실에서는 금연하시오	No smoking in toilet	노우 스모우킹 인 토일릿
화장지만 버리시오	Hand towels only	핸드 타월즈 온니
변기물을 내리시오	Flush toilet	플러쉬 토일릿

Cabin lavatory

수고스러우시겠지만, 사용 후에는 종이타월로 세면대를 닦아주십시오.
お手数ですが ご使用後は ペーパータオルで 洗面台を お拭きください。
오테스-데스가 고시요-고와 페-파-타오루데 셈-멘-다이오 오후끼쿠다사이

문을 잠궈주십시오.
カギを かけて ください。
카기오 카케떼 쿠다사이

세면대에는 연기탐지기가 설치되어 있습니다.
洗面所には 煙探知機が 設置されています。
센-멘-다이니와 케무리탄-치키가 셋-치사레떼이마스

사용후에는 버튼을 눌러주십시오.
ご使用後 ボタンを 押して ください。
고시요-고 보탕-오 오시떼 쿠다사이

주행중이나 이착륙시에는 콘트롤러를 수납하여 고정시켜 주시기 바랍니다.
走行中 および 離着陸中は コントローラを 収納し 固定してください。
소-코-츄- 오요비 리챠꾸리꾸츄-와 콘-토로-라오 슈-노-시 고테-시떼 쿠다사이

구명조끼는 좌석 밑에 있습니다.
救命胴衣は 座席の下に あります。
큐-메-도-이와 자세끼노 시타니 아리마스

착석중에는 좌석벨트를 매 주시기 바랍니다.
着席中は 座席ベルトを しめてください。
챠꾸세끼츄-와 자세끼베루또오 시메떼 쿠다사이

화장실내 금연

洗面所内 禁煙

센-멘-죠나이 킹-엔-

촬영금지

撮影禁止

사쯔에-킨-시

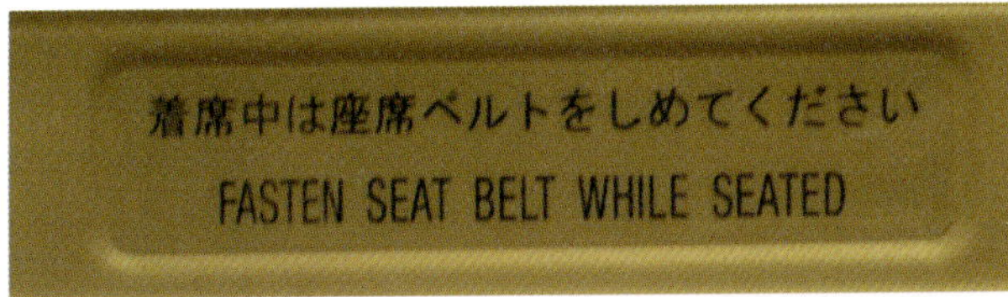

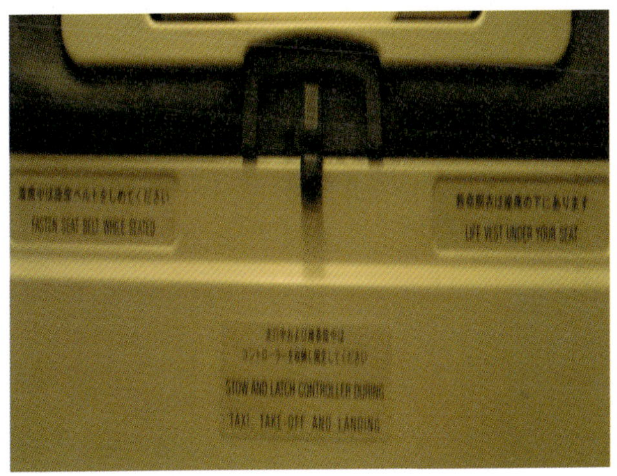

② 기내 서비스를 요청할 때

1. 의자를 바로 세워주세요.
シートを 戻して ください。
시-토오 모도시떼 쿠다사이

2. 의자를 눕혀도 됩니까?
シートを 倒しても いいですか。
시-토오 타오시떼모 이-데스까

3. 기내식은 언제 나옵니까?
機内食は いつ 出るんですか。
키나이쇼꾸와 이쯔 데룬-데스까

4. 식사는 뭘로 하시겠습니까?
食事は 何に なさいますか。
쇼꾸지와 나니니 나사아마스까

5. 메뉴는 뭐가 있나요?
メニューは 何ですか。
메뉴-와 난-데스까

6. 일식과 양식이 있습니다.
和食と 洋食が あります。
와쇼쿠또 요-쇼꾸가 아리마스

7. 일식(양식)으로 하겠습니다.
和食(洋食)に します。
와쇼쿠(요-쇼꾸)니 시마스

8. 음료수는 무엇으로 하시겠습니까?

お飲物は　何に　なさいますか。

오노미모노와 나니니 나사이마스까

9. 쥬스(우롱차/물/콜라/맥주)로 하겠습니다.

ジュース(ウーロン茶/お水/コーラ/ビール)を　おねがいします。

쥬-스(우-론-챠/오미즈/코-라/비-루)오 오네가이시마스

10. 쥬스 한 잔 더 주세요.

ジュース　もう　いっぱい　ください。

쥬-스 모- 입-빠이 쿠다사이

11. 커피 드시겠습니까?

コーヒーは　いかがですか。

코-히-와 이카가데스까

12. 설탕과 우유는 넣으십니까?

砂糖と　ミルクは　お入れに　なりますか。

사토-또 미루쿠와 오이레니 나리마스까

13. 네, 부탁합니다.

はい、お願いします。

하이 오네가이시마스

14. 괜찮습니다.

いいえ、けっこうです。

이-에 켁-꼬-데스

15. 설탕(우유)만 넣어주세요.

砂糖(ミルク)だけ　入れて　ください。

사토-(미루쿠)다케 이레테 쿠다사이

16. 치워도 되겠습니까?
お下げしても よろしいでしょうか。
오사게시테모 요로시-데쇼-까

17. 네, 부탁합니다.
はい、お願いします。
하이 오네가이시마스

18. 아니요. 조금 뒤에 (치워주세요.)
いいえ、もう 少し 後で。
이-에 모- 스코시 아토데

19. 저 죄송합니다만.
あの、すみませんが。
아노 스미마셍-가

20. 화장실은 어디에 있나요?
トイレは どこに ありますか。
토이레와 도꼬니 아리마스까

21. 뒤쪽(앞)에 있습니다.
後ろ(前)の ほうに あります。
우시로(마에)노 호-니 아리마스

22. 지금은 사용하실 수 없습니다.
今は 使えません。
이마와 츠카에마셍-

23. 이 전등은 어떻게 켜는 것입니까?
このライトは どう やって 点けるんですか。
코노 라이토와 도- 얏-테 츠케룬-데스까

24. 조금 추운데 모포 한 장만 가져다 주세요.
すこし 寒いんですけど、毛布 一枚 お願いします。
스코시 사무인-데스가 모-후 이치마이 오네가이시마스

25. 조금만 기다려주십시오.
少マ お待ちください。
쇼-쇼- 오마찌쿠다사이

26. 면세품을 사고 싶은데요.
免税品を 買いたいです。
멘-제-힝-오 카이타이데스

27. 한국어를 할 수 있는 사람이 있습니까?
韓国語の できる 人は いますか。
캉-코쿠고노 데끼루 히또와 이마스까

28. 이 주문서를 작성해 주십시오.
この 注文書に ご記入ください。
코노 츄-몬-쇼니 고키뉴-쿠다사이

29. 그것은 지금 품절입니다.
それは いま 品切に なって おります。
소레와 이마 시나기레니 낫-떼 오리마스

출국 · 기내

실용단어

기내판매	면세품	베개	비상구
機内販売	免税品	枕	非常口
키나이함-바이	멘-제-힝-	마쿠라	히죠-구찌
식사	신문	얼음	이어폰
食事	新聞	氷	イヤホン
쇼꾸지	심-붕-	코-리	이야홍-

1. 머리(배)가 아픕니다.
頭(お腹)が いたいです。
아타마(오나까)가 이타이데스

2. 몸 상태가 안좋습니다.
体の 具合いが 悪いんです。
카라다노 구아이가 와루인-데스

3. 토할 것 같습니다.
はきけが します。
하키케가 시마스

4. 현기증이 납니다.
めまいが します。
메마이가 시마스

5. 구토봉투가 있습니까?
衛生袋が ありますか。
에-세-부꾸로가 아리마스까

6. 잠시만 기다려주십시오.
少々 お待ちください。
쇼- 쇼- 오마치쿠다사이

7. 감기약(멀미약/위장약)이 있습니까?
風邪薬(酔い止め/胃腸薬)が ありますか。
카제구스리(요이도메/이쵸-야쿠)가 아리마스카

8. 한국어를 할 수 있는 사람이 있습니까?
韓国語の できる 人は いますか。
캉-코쿠고노 데키루 히토와 이마스카

9. 네, 불러오겠습니다.
はい、呼んで 来ます。
하이 욘-데 키마스

10. 감기인 것 같습니다.
風邪の ようです。
카제노 요-데스

11. 좀 춥습니다. 모포를 한 장 주십시오.
少し 寒いです。 毛布を 一枚 ください。
스꼬시 사무이데스 모-후오 이찌마이 쿠다사이

12. 몸 상태는 어떻습니까?
体の 調子は いかがですか。
카라다노 쵸-시와 이카가데스까

13. 지금은 괜찮습니다.
今は 大丈夫です。
이마와 다이죠-부데스

구토봉투	기분	멀미약	상태
嘔吐袋 오-토부쿠로	気分 키붕-	酔い止め 요이도메	具合 구아이
소화불량	아프다	어깨결림	위장약
胃もたれ 이모타레	痛い 이타이	肩凝り 카타코리	胃薬 이야꾸

1. 펜 좀 빌려 주십시오.
ペンを 貸して もらえますか。
펭-오 카시테 모라에마스까

2. 입국카드 쓰는 법을 가르쳐 주십시오.
入国カードの 書き方を 教えて ください。
뉴-코쿠카-도노 카키카타오 오시에테 쿠다사이

3. 이렇게 쓰면 되나요?
これで いいですか。
코레데 이-데스까

4. 입국카드(세관신고서) 한 장만 더 주십시오.
入国カード(税関申告書)、もう 一枚 ください。
뉴-코쿠카-도(제-깐-싱-코쿠쇼) 모- 이찌마이 쿠다사이

5. 하네다(나리타/오사카)에는 몇 시에 도착합니까?
羽田(成田/大阪)には 何時に 到着しますか。
하네다(나리타/오-사카)니와 난-지니 토-챠쿠시마스카

6. 11시 40분 도착 예정입니다.
11時 40分 到着の 予定で ございます。
쥬-이치지 욘-즙-뿐- 토-챠쿠노 요테-데 고자이마스

7. 정각에 도착할 예정입니다.
定刻に 到着する予定です。
테-코쿠니 토-챠쿠스루 요테-데스

8. 조금 늦어질 예정입니다.
少し　遅れる　予定です。
스코시 오쿠레루 요테-데스

9. 어느 정도 늦게 되나요?
どれくらいの遅れになりそうですか。
도레쿠라이노 오쿠레니 나리소-데스카

10. 하네다의 날씨는 어떻습니까?
羽田の　天候は　どうですか。
하네다노 텡-쿄-와 도-데스카

11. 맑을 것 같습니다.
晴れのようです。
하레노 요-데스

12. 비가 온다고 합니다.
雨のようです。
아메노 요-데스

13. 사물함이 열리지 않습니다.
キャビネットが　開かないんです。
캬비넷-토가 아카나인-데스

14. 좌석을 바로 세워주시기 바랍니다.
シートを　お戻しください。
시-토오 오모도시 쿠다사이

15. 안전벨트를 매주시기 바랍니다.
ベルトを　おしめください。
베루토오 오시메쿠다사이

약	기분	고도	기장
薬 쿠스리	気分 키붕-	高度 코-도	機長 키쵸-
날씨	도착	목적지	현지시간
天候 텡-코-	到着 토-챠쿠	目的地 모쿠테키치	現地時間 겐-치지깡-
비상구	비자	이륙	정각
非常口 히죠-구찌	ビザ 비자	離陸 리리꾸	定刻 테-코쿠
착륙			
着陸 챠쿠리꾸			

일본의 화폐

Tip

○ 일본화폐의 단위는 엔(円, ￥)이다. 일반적으로 사용되고 있는 화폐의 종류는 동전 1, 5, 10, 50, 100, 500엔의 6종류이며, 지폐는 1,000엔, 5,000엔, 10,000엔의 3종류가 있다.

도쿄는 일본의 정치 및 경제의 중심일 뿐만 아니라, 세계의 경제, 문화의 중심지로 발전하였다. 그런 만큼 볼 만한 곳도 많다. 세계의 유명 브랜드가 모여있는 "긴자", 불야성이라고도 일컬어지는 "신주쿠", 전통문화의 향기가 남아있는 "아사쿠사", 젊은층 문화의 발신기지인 "시부야" 등 대규모 번화가뿐만 아니라, 전기상가가 밀집해 있어 외국인 소핑객들의 모습도 눈에 띄는 컴퓨터 거리 "아키하바라", 일본의 식탁을 책임지는 "쓰키지 시장" 등 특색있는 거리가 많이 있다.

■ 신주쿠(新宿)

신주쿠는 도쿄 도청을 중심으로 고층 빌딩이 들어서 있는 오피스가인 "니시구치 에리어"와 쇼핑과 오락 등 복합시설을 중심으로 한 "신주쿠"의 새로운 얼굴인 "미나미구치 에리어", 불야성이라고도 일컬어지는 "가부키초"를 중심으로 한 일본 유수의 환락가 등으로 크게 나눌 수 있다. 그리고, 백화점 등 대형점포가 즐비한 "히가시구치 에리어"가 있다. 우리

나라에서 유행했던 만화책의 배경으로 유명한 마이 시티와 더불어 스튜디오 알타는 주말에 젊은이들의 약속 장소로 인기 있는 신주쿠의 명소 중 하나이다. 이곳은 꼭 주말에 가야 제맛(?)을 느낄 수 있다. 그리고 잘 찾아보면 아키하바라보다 저렴하게 카메라를 구입할 수 있는 곳도 있다. 환락의 거리 가부키초를 가로질러 가면 한국 식당들이 밀집한 곳이 있다. 여행 중 한국 음식이 생각나면 한 번 들러보는 것도 묘미!

"히가시구치" 주변의 번화가에서 10분 거리의 남쪽에는 1906년 프랑스인 기사의 지도 아래 만들어진 일본 유수의 풍경식 정원인 "신주쿠교엔"이 있다. 플라타너스 가로수가 아름다운 프랑스식 정원과 높이 솟은 나무들, 넓은 잔디밭의 영국식정원, 그리고 여기에 창포 연못과 찻집 등을 배치한 일본식 정원이 서로 조화를 잘 이루고 있다. 58.7ha의 넓이를 가진 녹음 짙은 공간은 역 주변의 번잡함이 거짓말인 것처럼 한적한 정취에 둘러싸여 있으며, 대도심 도쿄의 한복판에 있음에도 꽃과 야조류의 명소로 알려져 찾는 이들의 발길이 끊이지 않는다.

# 일본 입국

미리 써놓은 입국카드와 여권을 담당관에게 제시하면 담당관이 서툰 영어 또는 알아듣지 못하는 일본어로 질문을 할 것이다. 99%는 '입국 목적은 무엇입니까?' 라는 질문이다. 이 경우 영어나 일본어로 '여행을 왔다(tour, 観光です)' 고 하면 대부분 무사통과!

1. 입국카드와 여권을 보여주세요.
入国カードと パスポートを ください。
뉴-코쿠 카-도또 파스포-또오 쿠다사이

2. 일본에는 첫 방문인가요?
日本には はじめてですか。
니혼-니와 하지메테데스까

3. 네, 처음입니다.
はい、はじめてです。
하이 하지메테데스

4. 아니오, 두 번째(세 번째)입니다.
いいえ、二度目(三度目)です。
이-에 니도-메(산-도메)데스

5. 방문목적은 무엇입니까?
訪問の 目的は 何ですか。
호-몬-노 모쿠테키와 난-데스까

6. 여행(관광/사업차)입니다.
旅行(観光/仕事) です。
료꼬-(캉-코-/시고토)데스

7. 직업은 무엇입니까?
職業は 何ですか。
쇼꾸교-와 난-데스까

8. 학생(회사원/주부/선생님)입니다.
学生(会社員/主婦/学校の先生)です。
각-세-(카이샤잉-/슈후/각-꼬-노 센-세-)데스

9. 어디에서 묵을 예정입니까?
どこで とまりますか
도꼬데 토마리마스까

10. 프린스호텔입니다.
プリンスホテルです。
푸린-스호테루데스

11. 아직 정하지 못 했습니다.
まだ、決めてないです。
마다 키메떼 나이데스

12. 친구집에서 묵을 예정입니다.
友だちの 家で とまるつもりです。
토모다찌노 이에데 토마루 쯔모리데스

13. 며칠간 계실 예정이신가요?
何日間 とまりますか。
난-니찌칸- 토마리마스까

14. 2주일 정도 있을 예정입니다.
二週間ぐらい とまる予定です。
니슈-깐 구라이 토마루 요테-데스

15. 귀국할 항공권은 가지고 계십니까?
帰りの 航空券は お持ちですか。
카에리노 코-쿠-켕-와 오모찌데스까

16. 네, 가지고 있습니다

はい, 持って います。

하이 못-떼 이마스

---

17. 죄송합니다만, 천천히 말씀해 주시겠습니까?

すみませんが もっと ゆっくり 話して ください。

스미마셍-가 못-또 육-꾸리 하나시떼 쿠다사이

---

18. 죄송합니다만, 여기에 적어주시겠습니까?

すみませんが ここに 書いて ください。

스미마셍-가 코코니 카이떼 쿠다사이

---

19. 한국어 할 줄 아는 분이 계십니까?

韓国語が 話せる方 いないですか。

캉-코쿠고가 하나세루 카타 이나이데스까

---

20. 몸 조심하세요.

気を つけて。

키오 쯔케떼

---

21. 감사합니다.

ありがとうございます。

아리가또- 고자이마스

Tip 항공권을 분실했을 때

항공권을 분실했을 때에는 분실 즉시 해당 항공사에 신고하고 간단한 절차를 밟으면 새로운 항공권을 재발급 받거나 또는 새로 구입하고 나중에 환불받을 수 있다. 신고 절차로는 분실된 항공권이 나중에 사용되면 책임지겠다는 배상동의서와 항공권을 구입한 장소, 항공권의 번호, 미사용된 구간 등이다. 이러한 사실이 확인만 되면 즉시 재발행 받을 수 있다. 새로 항공권을 구입할 때는 반드시 잃어버린 항공권과 동일한 구간, 동일한 조건이어야만 나중에 전액 환불이 가능하다. 분실 항공권에 대한 환불은 국제항공운송협회에서 신청 4개월 후에 지급하는 것을 원칙으로 하고 있지만 항공사마다 차이가 있어 3개월에서 6개월 정도가 소요되기도 한다. 가장 편리한 방법은 항공권을 발급 받고 미리 한 장정도 복사를 해두는 것이다.

검사	관광	목적	비자
検査 켄-사	観光 캉-꼬-	目的 모쿠테끼	ビザ 비자
소지금	신고	신고서	여권
所持金 쇼지킹-	申告 싱-코쿠	申告書 싱-코쿠쇼	パスポート 파스포-토
유학	입국심사	입국카드	주소
甾学 류-가꾸	入国審査 뉴-코쿠신-사	入国カード 뉴-코쿠카-도	住所 쥬-쇼
지인(아는 사람)	체재	친구	
知り合い 시리아이	滞在 타이자이	友達 토모다찌	

입국 수속 절차

Sense Click!!

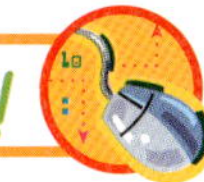

- **도착** ARRIVAL
  'ARRIVAL(도착)' 이라고 써 있는 곳으로 간다(환승객은 TRANSIT으로). 필요한 경우에 QUARANTINE(검역)에서 예방접종증명서(Vaccination Certificate/Yellowcard) 등을 제출한다.

- **입국심사** IMMIGRATION
  여권(Passport)과 입국카드(Disembarkation Card)를 제출한다. 외화신고가 필요한 나라도 있다.

- **하물 찾기** BAGGAGE
  타고온 비행기편 명이 표시된 곳에서 수하물을 찾는다. 수하물이 파손되어 있거나 나오지 않을 경우에는 수하물 인환증(Claim Tag)과 항공권(Ticket)을 가지고 문의한다.

- **세관** CUSTOMS
  여권과 세관 신고서(Customs Declaration Form)을 가지고 통과한다. 담배, 술 등은 반입이 제한된다. 입국시에 신고한 귀중품이 출국시에 없으면 과세를 당하게 된다.

- **도착로비** LOBBY

- **환전** BANK/AUTHORIZED MONEY CHANGER
  필요한 현금은 공항의 은행이나 환전소에서 현금으로 교환해 둔다. 이때 필요한 잔돈(Small Coin)도 섞어서 받는다.

1. (항공권을 공항직원에게 보여주며) 짐은 어디서 찾을 수 있나요?
荷物は どこで 受け取りますか。
니모쯔와 도꼬데 우케토리마스까

2. 그 비행기라면 1층으로 내려가서 3번 앞에서 기다려주세요.
その 飛行機なら 1階に 降りて 3番です。
소노 히꼬-끼나라 익-까이니 오리떼 삼-반-데스

3. 제 가방이 보이지 않습니다.
私の トランクが 見つかりません。
와따시노 토랑-쿠가 미쯔까리마셍-

4. 수하물 인환증을 보여주세요.
手荷物の 引換証が ありますか。
테니모쯔노 히키카에쇼-가 아리마스까

5. 어느 편으로 오셨습니까?
どの便でしたか。
도노빈-데시따까

6. 가방의 특징은 무엇입니까?
トランクの 特徴は 何ですか。
토랑-쿠노 토쿠쵸-와 난-데스까

7. 빨간색(검은색/흰 색) 트렁크입니다.
赤(黒/白)の トランクです。
아카(쿠로/시로)노 토랑-쿠데스

8. 이렇다 할 특징은 없습니다.
これと 言った 特徴は ありません。
코레또 잇-따 토쿠쵸-와 아리마셍-

9. 수하물 인환증을 잃어버렸습니다.
手荷物の 引換証を なくしました。
테니모쯔노 히키카에쇼-오 나꾸시마시따

10. 어떻게 하면 됩니까?
どう すれば いいですか。
도- 스레바 이-데스까

11. 수하물 분실 신고서에 기입해 주시겠습니까?
手荷物 紛失 申告書に 記入して ください。
테니모쯔 훈-시쯔 싱-코쿠쇼니 키뉴-시테 쿠다사이

12. 찾는 대로 바로 연락해 드리겠습니다.
見つかり次第 ご連絡いたします。
미츠까리다이 고렌-라꾸이타시마스

13. 잘 부탁드립니다.
よろしく お願いします。
요로시꾸 오네가이시마스

14. 트렁크가 파손되어 있습니다.
トランクが 壊れて いるんです。
토랑-쿠가 코와레떼 이룬-데스

(여행용 대형)가방	귀중품	수하물 인수처	연락처
トランク 토랑-쿠	貴重品 키쵸-힝-	手荷物受取所 테니모쯔우케토리쇼	連絡先 렌-라꾸사끼
인수증	일상생활용품	입국심사	입국카드
預かり証 아즈카리쇼-	身の回りのもの 미노마와리노모노	入国審査 뉴-코쿠신-사	入国カード 뉴-코쿠카도
짐수레	화물		
カート 카토	荷物 니모쯔		

일본 입국시 필요한 서류

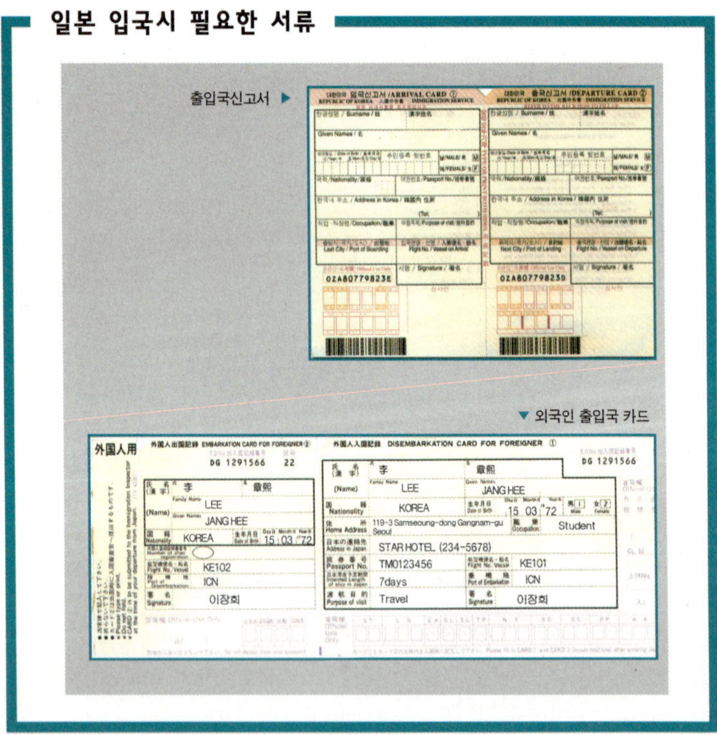

출입국신고서 ▶

▼ 외국인 출입국 카드

- 입국 심사를 마치고 나서 맡긴 수하물을 찾는다. 수하물이 턴테이블에 나오지 않을 경우에는 항공사 창구에 가서 수하물 사고신고서를 작성(성명, 여권번호, 수탁 물표번호, 하물의 모양이나 내용물 등을 기입)한다.

- 대부분 출발 공항에 남아 있거나 잘못 보내진 것이 원인이므로 며칠 후에는 항공사 측이 체재지에 배달해 주지만 만일 찾지 못할 경우에는 보상금이 지불된다.

- 방지책으로는 수하물 인환증을 잘 보관하고, 흔한 색이나 형태의 여행가방은 피하는 등의 생각을 할 수 있지만 어쨌든 그다지 많지 않은 보상액이므로 귀중품은 따로 보관하는 것이 좋을 것이다. 또한 수하물이 파손된 경우도 항공사와 협의해야 한다.

일본 출입국카드에 나오는 용어

姓 Family Name	성
名 Given Name	이름
国籍 Nationality	국적
生年月日 Date of Birth	생년월일
月 Month	월
年 Year	년
男 Male	남
女 Female	여
住所 Home Address	주소
職業 Occupation	직업
日本の連絡先 Address in Japan	일본에서의 연락처
旅券番号 Passport No.	여권번호
航空機番号・船名 Flight No./Vessel	출발 항공·선박명
日本滞在予定其間 Intended Length of stay in Japan	일본체재예정기간
乗機地 Port of Embarkation	출발지공항명
渡航目的 Purpose of visit	도항목적
署名 Signature	서명
Number of alien registration	비자번호
Port of disembarkation	도착지공항

* 서류 작성시 한문으로 된 곳은 한문으로, 영문으로 된 곳은 영문으로, 한문과 영문이 혼합되어 있는 곳은 한문이나 영문 어느 것으로 써도 상관없다.

Disembarkation card

③ 세관신고

1. 세관신고서를 보여주세요.
税関申告書を 見せてください。
제-칸-싱-코쿠쇼오 미세테쿠다사이

---

2. 예, 여기 있습니다.
はい， これです。
하이 코레데스

---

3. 신고할 물건이 있으십니까?
申告するものが ありますか。
싱-코쿠스루 모노가 아리마스까

---

4. 예, 있습니다.
はい、あります。
하이 아리마스

---

5. 아니오, 없습니다.
いいえ、ありません。
이-에 아리마셍-

---

6. 가방 안에는 무엇이 있습니까?
トランクの 中には 何が ありますか。
토랑-쿠노 나까니와 나니가 아리마스까

---

7. 일상생활용품입니다.
日用品です。
니찌요-힌-데스

8. 가방을 열어주십시오.

トランクを 開けて ください。

토랑-쿠오 아케떼 쿠다사이

---

9. 이것은 무엇입니까?

これは 何ですか。

코레와 난-데스까

---

10. 그것은 제가 사용하고 있는 카메라(비디오카메라)입니다.

それは 私が 使って いる カメラ(ビデオカメラ)です。

소레와 와따시가 쯔깟-떼 이루 카메라(비데오 카메라)데스

---

11. 그것은 친구에게 줄 선물입니다.

それは ともだちへの プレゼント です。

소레와 토모다찌에노 푸레젠-토데스

---

12. 그것은 그다지 비싸지 않은 물건입니다.

それは あまり 高くないものです。

소레와 아마리 타카꾸나이 모노데스

---

13. 이것은 과세 대상입니다.

これは 課税と なります。

코레와 카제-또 나리마스

---

14. 죄송합니다만, 좀 너그럽게 봐주십시오.

申し訳ございませんが, 大目に みて ください。

모-시와케고자이마셍-가, 오-메니미떼 쿠다사이

---

15. 이 신고서를 출구 쪽에 있는 직원에게 건네주시기 바랍니다.

この 申告書を 出口の係員に 渡して ください。

쿄노 싱-코쿠쇼오 데구찌노카카리안-니 와타시떼 쿠다사이

담배	몇 갑	보루	선물
タバコ 타바꼬	何本 남봉-	カートン 카-통	おみやげ 오미야게
세관	소지금	시계	신고
税関 제-깡-	所持金 쇼지킹	時計 토케-	申告 싱-코쿠
신고서	여권	연락처	위스키
申告書 싱-코쿠쇼	パスポート 파스포-토	連絡先 렌-라꾸사끼	ウィスキー 위스키
입국심사	입국카드	향수	
入国審査 뉴-코쿠신-사	入国カード 뉴-코쿠카도	香水 코-즈이	

면세 품목

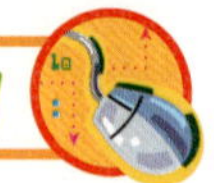

- **주류**   1병 (1㎖, us$400이하의 것)
- **일반담배**   200개비
- **잎담배**   50개비
- **그 외 담배**   250g 내외
- **향수**   2온스 (약 50㎖)
- **기타**   여행자가 출국할 때 반출물품으로 본인이 재반입하는 물품.
  정부, 지방자치단체, 국제기구 간에 기증 또는 통상적 선물용품으로
  세관장이 타당하다고 인정하는 물품

◀ 일본 공항의 면세점

라멘 (라면)

우리나라와 마찬가지로 일본에서도 라면의 인기는 정말 대단하다. 일본의 라면(ラーメン)은 그 종류도 무척이나 다양해서 지역마다 집집마다 전통적으로 내려오는 라면의 종류를 헤아린다는 것이 불가능할 정도로 많다. 따라서 우리들이 먹는 일반적인 라면과 일본인들이 즐겨먹는 라면은 맛은 물론 만드는 방법에서도 차이가 있다.

일본의 라면은 크게 인스턴트 라면과 생라면으로 나눠진다. 인스터트 라면은 우리들이 일반적으로 먹는 봉지라면과 컵라면으로 나눠지는데, 봉지라면을 많이 먹는 우리와 달리 일본에서는 컵라면이 압도적인 인기를 끌고 있다. 하지만 일본 라면의 진수는 뭐니뭐니해도 생라면이라고 할 수 있다. 생라면은 지역별로 된장맛, 매운간장맛, 소금맛, 돼지뼈로 만든 육수맛 라면 등 육수를 중요시하는 라면이다. 대중적으로 가장 인기 있는 것은 삿포로 라면과 후쿠오카 라면이다. 삿포로 라면은 미소(일본식 된장)로 국물을 낸 것이고, 후쿠오카 라면은 돼지뼈를 우려낸 국물로 만든 라면이다. 맛은 우리의 사골국물과 비슷한데 처음 먹어본 사람은 그 느끼함에 거부감을 가질 수 있지만, 일단 그 맛에 길들여지면 그 진한 국물 맛에 빠질 수밖에 없게 된다. 일본에서 라면을 먹을 때 실패하지 않으려면 이런 유명체인점을 이용하는 것이 좋다.

우동

라면과 마찬가지로 일본인들이 즐겨먹는 음식 중 하나가 우동이다. 어느 곳에 가든지 우동 전문점을 발견할 수 있을 정도로 여러 곳에 분포되어 있다. 지하철 역, 작은 마을, 번화가의 한 모퉁이 등 장소를 불문하고 여러 곳이 있다. 이런 우동 전문점도 라면과 마찬가지로 몇 대째 대물림으로 내려오는 유명한 곳이 많다. 일반적으로 식당 입구에는 우동 모형이 있어서 이것을 보고 주문하면 되고, 식권자동판매기를 이용하여 주문하는 경우도 있다.

돈부리 (덮밥)

덮밥은 흰 밥 위에 각종 육류나 야채류를 요리해서 놓고 진한 국물을 얹어서 먹는 일품요리다. 값이 싸고 간편할 뿐 아니라 맛도 있어서 주머니 사정이 별로 좋지 않거나 바쁜 시간을 쪼개야 하는 사람들이 특히 애용한다. 수많은 종류의 덮밥만을 전문적으로 파는 돈부리 전문점 또한 어느 곳에서나 쉽게 볼 수 있는데, 어느 돈부리점이든 '규돈' 이라고 불리는 쇠고기 덮밥이 가장 인기를 끌고 있다.

돈가스

일본의 유명한 음식으로 돈가스를 들 수 있다. 일본의 돈가스는 우리가 먹는 것과 달리 고기를 스테이크처럼 두툼하게 자르기 때문에 고기 씹는 맛이 아주 좋다. 또한 그냥 돈가스만 먹는 것이 아니라, 카레와 같이 먹기도 한다.

식사전문점

비교적 저렴한 가격에 식사를 해결할 수 있는 곳이다. 전국적인 체인망을 가지고 24시간 영업을 하는 요시노야(吉野家)와 마쯔야(松屋) 등이 유명하다. 가격은 250~400엔, 밥류가 450~800엔 정도다. 입구에 진열되어 있는 사진이나 모형을 보고 식권을 자판기에서 뽑아 주방에 주면 된다.

회전초밥 전문점

일본 사람들이 즐겨먹는 회전초밥 전문점도 유명한 먹거리 중의 하나이다. 한 접시에 2~3점의 초밥이 있고, 접시색깔에 따라 그 가격이 다르다. 테이블에는 녹차와 같이 먹을 수 있도록 되어 있다.

라면 전문점

위에서 설명한 것처럼 라면점도 여러 곳에서 볼 수 있다. 최근에는 한국식 라면을 즐겨 찾는 이들도 많아 졌고, 한국식 라면점이라는 간판을 단 곳도 볼 수 있다. 모험을 좋아하지 않는 분이라면 삿포로라면과 후쿠오카라면 등 유명한 체인점을 이용하는 것이 좋을 것이다.

도시락 판매점

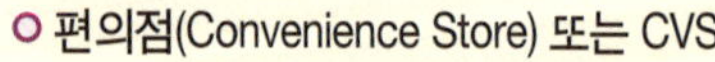

일본인들이 가장 즐겨 먹는 음식이라고 하면 도시락을 꼽을 수 있다. 이렇듯 일본인들이 도시락을 먹는 모습은 공원에서나 기차 안 등 장소를 불문하고 많이 볼 수 있다. 이만큼 일본인들과 밀접한 도시락은 어느 곳에 가든지 구입할 수 있다. 편의점이나 기차역에서도 구입할 수 있지만 도시락 전문점에서 구입한 것이 가장 맛이 좋다.

패스트푸드점

맥도날드, KFC, 롯데리아, 웬디스 등 우리나라에 있는 것과 같다. 가격이 그리 싼 편은 아니지만 할인행사를 이용하면 조금은 저렴하게 먹을 수 있다.

편의점(Convenience Store) 또는 CVS

일본에는 편의점이 정말 많다. 그만큼 자주 이용하게 되며, 특히 식당들이 문을 닫고 난 저녁 시간이면 편의점이 가장 먼저 눈에 들어올 것이다. 우리나라와 판매방식은 비슷하며, 다양한 인스턴트 식품이 있다.

일본 공항에서

일본에 들어갈 경우 많이 이용하는 공항은 나리타국제공항, 하네다
국제공항, 오사카국제공항, 후쿠오카국제공항 등이다. 하네다공항
을 이용할 경우 빅버드(ビッグ バード)라는 단어가 자주 등장하는
데, 이는 하네다공항의 국내선 청사를 이르는 말이다.
역이나 공항 등 관광객들이 많이 모이는 곳에는 대부분 관광안내소
가 있다. 안내소에서는 간단한 자료나 그 지역의 지도 등을 공짜로
얻을 수 있으니, 새로운 곳에 도착하였을 경우 반드시 들러 안내를
받도록 하자.

① 관광 안내소

1. 실례합니다.
すみません。
스미마셍-

2. 관광안내소(화장실/버스정류장)는 어디에 있습니까?
観光案内所(トイレ/バス乗り場)は どこに ありますか。
캉-쿄-안-나이죠(토이레/바스노리바)와 도꼬니 아리마스까

3. 국내선 청사 1층(지하1층)에 있습니다.
国内線 ターミナル(=ビッグ バード舘)の 1階(地下1階)に あります。
코쿠나이센 타-미나루(=빅-구 바-도칸-)노 익-까이(치카익-카이)니 아리마스

4. 국내선 청사까지는 어떻게 갑니까?
国内線 ターミナルまでは どう やって 行きますか。
코쿠나이센- 타-미나루마데와 도- 얏-떼 이키마스까

5. 무료 연락버스를 타면 갈 수 있습니다.
無料 連絡バスに のれば 行けます。
무료- 렌-라꾸바스니 노레바 이케마스

6. 무료 연락버스는 어디서 탑니까?
無料 連絡バスは どこで 乗りますか。
무료- 렌-라꾸 바스와 도꼬데 노리마스까

7. 국제선 청사 앞 3번 정류장에서 탈 수 있습니다.
国際線 ターミナルの 前の 3番 乗り場で 乗れます。
콕-사이센- 타-미나루노 마에노 삼-방- 노리바데 노레마스

8. 동경 지도(호텔리스트)가 있습니까?

東京の 地図(ホテルのリスト)が ありますか。

토-꾜-노 치즈(호테루노리스토)가 아리마스까

9. 무료입니다.

むりょうです。

무료-데스

10. 호텔예약을 부탁드립니다.

ホテルの 予約を お願いします。

호테루노 요야꾸오 오네가이시마스

11. 동경시내(요코하마)까지 가려면 어느 것이 가장 빠릅니까?

東京都内(横浜)まで いくには どれが 一番 はやいですか。

토쿄토나이(요코하마)마데 이꾸니와 도레-가 이찌방- 하야이데스까

12. 모노레일이 싸고 빠릅니다.

モノレールが 安くて 早いです。

모노레-루가 야스꾸떼 하야이데스

13. 모노레일은 어디서 탈 수 있습니까?

モノレールは どこで 乗れますか。

모노레-루와 도꼬데 노레마스까

14. 이 건물 지하 1층에서 탈 수 있습니다.

この ビルの 地下1階で 乗れます。

코노 비루노 치카읶-카이데 노레마스

15. 승차권(버스티켓)은 어디서 살 수 있습니까?

切符(バスのチケット)は どこで 買えますか。

킵-뿌(바스노치켓-또)와 도꼬데 카에마스까

16. 자동판매기(창구)를 이용하세요.

自動販売機(窓口)を 利用して ください。

지도-함-바이키(마도구찌)오 리요-시떼 쿠다사이

---

17. JR 나리타 익스프레스가 가장 빠릅니다.

JR成田エクスプレスの ほうが いちばん はやいです。

제-아루나리타에쿠스푸레스노 호-가 이찌방- 하야이데스

---

18. 버스정류장(전철 타는 곳)은 어디에 있습니까?

バスのりば(電車の乗り場)は どこに ありますか。

바스노리바(덴-샤노 노리바)와 도꼬니 아리마스까

---

19. 저 문으로 나가서 왼쪽(오른쪽)에 있습니다.

あの 出口から 出て 左側(右側)に あります。

아노 데구찌까라 데떼 히다리가와(미기가와)니 아리마스

실용단어

관광안내지도	렌트카	리무진버스	예약
観光案内地図 캉-코-안-나이치즈	レンタカー 렌-타카	リムジンバス 리무진-바스	予約 요야꾸
유스호스텔	지하철 노선도	택시정류장	호텔
ユースホステル 유-스호스테루	地下鉄路線図 치카테츠노 로센-즈	タクシー乗り場 타쿠시-노리바	ホテル 호테루

Tip

일본은 어디든 정찰제를 실시하고 있어 대체적으로 1엔이라도 더 받는 경우도 덜 받는 경우도 없다. 영수증은 당연히 주고 받는 것으로 되어 있고, 요금 계산시에는 소비세 5%를 지불하여야만 물건을 살 수 있다.(요금표에는 소비세가 포함되지 않은 요금이 명시되어 있음)

물건의 가격은 상점마다 모두 달라 담배값 외에는 똑같은 제품이라 하더라도 똑같은 가격의 물건이 없다. 쇼핑시 우리와 다른 점은 백화점이든 어디든 손님에게 물건을 권하는 습관이 없다는 것이다. 고객이 상점을 둘러보고 마음에 드는 물건이 있으면 점원을 불러 구입하면 된다.

주의할 점은 가능하면 제품에 손을 대지 않는 것이 좋으며, 꼭 만져 봐야할 경우가 있으면 보고 난 후 본래자리에 살짝 보기좋게 되돌려 놓는 것이 좋다. 물건을 구입할 경우는 신중히 생각하여 나중에 반품 또는 교환하는 일이 없도록 한다.

시중에 나와있는 물건 중 전자제품은 거의 대부분이 일본의 전압에 맞도록 되어 있으므로 확인한 후 구입할 필요가 있다. 외형은 일본의 상표가 붙어있으나 생산지는 대만제, 필리핀제 등이 많으므로 생산지에 따라 가격이 확연히 달라진다. 그 외의 생활용품은 중국제가 대단히 많다.

◀ 젊은이의 거리인 다께시따도리

오사카 아메리카무라 ▶ 

Sense Click!!

코드	한글명	영문명	국가
AA	아메리칸 항공	American Airlines	미국
AF	에어 프랑스	Air France	프랑스
AI	에어 인디아	Air India	인도
AZ	아리탈리아 항공	Alitalia	이탈리아
BA	영국 항공	British Airways	영국
CA	중국 국제항공	Air China	중국
CI	중화항공	China Airlines	대만
CO	컨티넨탈 항공	Continental Airlines	미국
CP	카나디언 항공	Canadian Airlines International	캐나다
CX	캐세이 퍼시픽 항공	Cathey Pacific Airways	홍콩
DL	델타 항공	Delta Airlines	미국
IA	이라크 항공	Iraqi Airway	이라크
IB	이베리아 항공	Iberia Airlines	스페인
IR	이란 항공	Iran Air	이란
JD	일본 에어 시스템	Japan Air Systems	일본
JL	일본 항공	Japan Airlines	일본
KE	대한항공	Korean Air	한국
KL	KLM 네덜란드 항공	KLM Royal Dutch Airlines	네덜란드
LH	루프트엔자 항공	Lufthansa German Airlines	독일
MH	말레이지아 항공	Malaysian Airlines	말레이지아
MS	이집트 항공	Egyptair	이집트
NH	전일본공수	All Nippon Airways	일본
NW	노스웨스트 항공	Northwest Airlines	미국
NZ	뉴질랜드 항공	Air New Zealand	뉴질랜드
OA	올림픽 항공	Olympic Airways	그리스
OS	오스트리아 항공	Austrian Airline	오스트리아
OZ	아시아나 항공	Asiana Airlines	한국
PR	필리핀 항공	Philippine Airlines	필리핀
QF	콴타스 항공	Qantas Airways	오스트레일리아
RG	바릭 브라질리언 항공	Varig Brazilian Airlines	브라질
SK	스칸디나비아 항공	Scandinavian Airlines System	스웨덴 · 덴마크 · 노르웨이
SQ	싱가폴 항공	Singapore Airlines	싱가폴
SR	스위스 항공	Swissair	스위스
TG	타이 국제항공	Thai Airways International	태국
UA	유나이티드 항공	United Airlines	미국
UT	UTA 프랑스항공	UTA French Airlines	프랑스
VS	버진 아틀란틱 항공	Virgin Atlantic Airways	영국

② 전화로 예약하기

1. 공중전화 박스(은행)는 어디에 있습니까?
電話ボックス(銀行)は どこに ありますか。
뎅-와복 쿠스(깅-꼬-)와 도꼬니 아리마스까

---

2. 저쪽에 있습니다.
あそこに あります。
아소꼬니 아리마스

---

3. 공중전화카드는 어디서 살 수 있나요?
テレホンカードは どこで かえますか。
테레혼- 카-도와 도꼬데 카에마스까

---

4. 저 공중전화박스 옆에 자동판매기가 있습니다.
あの 電話ボックスの となりに 自動販売機が あります。
아노 뎅-와복 꾸스노 토나리니 지도-함-바이끼가 아리마스

---

5. 감사합니다.
どうも ありがとう ございます。
도-모 아리가또- 고자이마스

---

6. 여보세요.
もしもし。
모시모시

---

7. 팔레스호텔입니까?
パレスホテルですか。
파레스호테루데스까

8. 저는 지난 주 인터넷(전화)으로 예약한 홍길동이라고 합니다.

私は 先週 インターネット (電話)で 予約した ホンギルドンと もうします。

와타시와 센-슈- 인-타-넷-또(뎅-와)데 요야꾸시타 홍길동또 모-시마스

---

9. 예약 확인을 하고 싶습니다.

予約の 確認を したいです。

요야꾸노 카쿠닝-오 시타이데스

---

10. 예약 확인입니까?

予約の 確認ですか。

요야꾸노 카쿠닌-데스까

---

11. 예약 번호 부탁드립니다.

予約 ナンバーを お願いします。

요야꾸 남-바-오 오네가이시마스

---

12. B14257입니다.

B14257です。

비이찌욘-니고나나데스

---

13. 홍길동씨군요.

ホンギルドンさまですね。

홍길동사마데스네

---

14. 호텔까지는 어떻게 가면 됩니까?

ホテルまでは どう やって 行きますか。

호테루마데와 도- 얏-떼 이키마스까

---

15. 오테마찌역에 내려서 C13b 출구를 나와 도보로 3분 걸립니다.

大手町駅で 降りて、C13b 出口から 出て 歩いて 3分です。

오-테마찌에끼데 오리떼 씨쥬-산-바- 데구찌까라 데떼 아루이떼 삼-뿐-데스

16. 체크인은 몇시부터입니까?
チェックインは 何時からですか。
첵-쿠인-와 난-지까라데스까

17. 3시부터 가능합니다.
3時から できます。
산-지까라 데끼마스

18. 예약됩니까?
予約できますか。
요야꾸데끼마스까

19. 언제 묵으실 예정이십니까?
いつ お泊まりに なりますか。
이쯔 오토마리니 나리마스까

20. 오늘 밤(내일)입니다.
今夜(明日)です。
콩-야- (아시타)데스

21. 네, 가능합니다.
はい、できます。
하이 데끼마스

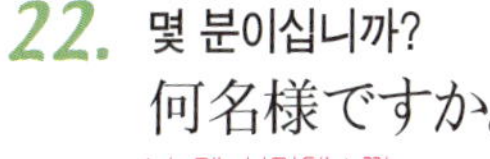

22. 몇 분이십니까?
何名様ですか。
남-메-사마데스까

23. 2명(1명/3명)입니다.
二人(一人/三人)です。
후따리(히또리/산-닝-)데스

24. 두 분이시네요.
二名様ですね。
니메- 사마데스네

---

25. 트윈룸(더블룸/싱글룸)밖에 없습니다만, 괜찮으시겠습니까?
ツインルーム(ダブルルーム/シングルルーム)しか ないですが よろしいですか。
츠인-루-무(다부루루-무/싱-구루루-무)시까 나이데스가 요로시-데스까

---

26. 네, 괜찮습니다.
はい、けっこうです。
하이 켁-꼬-데스

---

27. 더블은 없습니까?
ダブルは ないんですか。
다부루와 나인-데스까

---

28. 네, 없습니다.
はい、ありません。
하이 아리마셍-

---

29. 그럼 트윈으로 부탁드립니다.
では、ツインで お願いします。
데와 츠인-데 오네가이시마스

---

30. 그럼, 확인하겠습니다만, 오늘 하루밤 트윈룸이죠?
では、ご確認いたしますので、今日一泊でツインルームですね 。
데와 고카쿠닝-이타시마스노데 쿄-입-빠꾸데 츠인-루-무데스네

---

31. 네.
はい。
하이

32. 네 감사합니다. 기다리고 있겠습니다.

どうも　ありがとう　ございます。お待ちして　おります。

스미마셍가　도-모 아리가또-고자이마스 오마찌시떼 오리마스

33. 죄송합니다만, 오늘은 이미 만실입니다.

すみませんが、今日は　もう　満室で　ございます。

스미마셍가　쿄-와 모-만-시쯔데 고자이마스

34. 네, 잘 알겠습니다.

はい、分かりました。

하이 와까리마시따

우리나라에서는 편의점을 비롯한 거의 모든 가게에서 공중전화카드를 살 수 있지만, 일본에서는 공중전화박스안이나 옆에 별도 설치된 자동판매기에서 주로 판매되고 있다. 대학 구내에 위치한 생협(せいきょう 세꾜)에서도 살 수 있는데 이런 곳에서 파는 카드의 경우 그 대학의 전경 등을 담은 것도 있으니 기념으로 한 장 사보는 것도 좋을 것이다. 단, 국내용과 국외용은 구별되어 있으므로 주의한다.

일본은 축제의 나라라고 불릴 만큼 축제가 많다. 지방경기 활성화의 한 방안으로 마쯔리가 부각되면서 각 지방마다 한 가지씩 특색있는 마쯔리를 가지게 되었다. 본래 마쯔리는 진자(神社)에서 종교의식의 목적으로 행해지던 종교행사의 일부였던 것이 근대화와 더불어 종교적인 목적보다는 시민들을 위한 축제의 형태로 바뀌게 된 것으로 마쯔리의 대부분이 크고 작은 도시와 마을에서 열리는 대중적인 성격이 짙고 주민의 자발적인 참여로 진행되고 있다. 일본 마쯔리는 매 계절마다 일본지역 독자적인 풍습과 생활양식에 맞는, 특색 있고 다양한 형태로 발전하고 있다. 일본의 3대 마쯔리로는 도쿄(東京)의 '간다 마쯔리', 오사카(大阪)의 '텐진마쯔리', 교토(京都)의 '기온 마쯔리'가 있다. 여행일정을 마음대로 정할 수 있다면 가고자 하는 지방의 축제기간에 맞춰 일정을 잡는 것도 좋은 구경거리가 될 것이다.

≪일본의 3대 마쯔리 - 간다(神田)마쯔리, 기온(祈園)마쯔리, 텐진(天神)마쯔리≫

1. 도쿄 간다마쯔리

동경의 간다(神田)는 일본뿐만 아니라 세계에서 제일 가는 서점가로 유명하다. 지금은 학생의 거리, 고서의 거리, 전기제품이나 스포츠 용품의 거리로 불리우기도 한다. 간다축제의 기원은 도쿠가와 이에야스(德川家康)가 세키가하라(關が原)전투에서 승리한 것을 기념하여 이루어 진 축제에서 찾아볼 수 있으며, 매년 5월(5월 홀수 해의 15일에 가까운 주말)14일에서 15일에 진행된다. 옛날에는 히에(日枝)신사의 산노(山王)마쯔리, 후카가와(深川)마쯔리와 함께 에도의 3대 마쯔리로 불리웠던 만큼 유명하고 다시 말해 에도시대 '마쯔리의 꽃'이라고 할 수도 있다. 108개의 자치회에서 호화롭게 장식한 90개의 미코시(御興,신위를 모시고 베는 가마)를 선보일 정도로 그 규모도 엄청난 것으로 알려진다.

2. 교토 기온마쯔리

기온마쯔리는 전염병을 퇴치하기 위해 기원했던 어령회(御靈會)가 그 기원이며, 매년 7월1일부터 31일까지 행해진다. 하이라이트는 17일에 거행되는 야마보코(가마)행진이다. 이 야마보코를 보기 위해 각 지역뿐만 아니라 세계 각국에서 많은 사람들이 모여든다. 또한 야사까진자에서 치러지는 일본의 3대 마쯔리 중의 하나인 현란하고 다채로운 마쯔리이다. 옛날에는 음력 6월 15일에 열렸으며, 요이야마라고 불리는 전야제가 16일에 있다. 대위에 산모양을 만들고 창이나 칼 등을 꽂은 이상하게 생긴 사람 얼굴이 가득한 화려한 수레(야마보꼬)순행이 있다.

3. 오사카 덴진마쯔리

덴진지역에서 열리는 이 마쯔리는 교토의 기온마쯔리, 다까야마의 산노마쯔리와 함께 일본의 3대 마쯔리로 유명하다. 오사카 텐진마쯔리는 선상마쯔리이다. 서기 949년에 텐만구(天滿宮) 진자가 건립된 다음해인 6월 1일에 경내 해변에 가미호코(창과 도끼구실을 하는 무기)를 바다에 띄워서 그 가미호코가 표착한 해변에 제사를 마련하여 시령을 안치하고 목욕재계한 것이 그 기원이다. 매년 7월24일/25일 양일간에 걸쳐 행해진다. 하이라이트는 25일에 있는 '여름대축제'와 오후 6시부터 시작되는 후나토쿄(船渡御)이다. 후나토쿄는 약 10척의 화려한 배들이 도지마가와(堂島川)와 오가와(大川)를 거슬러 올라가는 행사이다.

월	일	주요 마쯔리 일정
1	3일	규슈 후쿠오카시, 하코자키구 신사 '타마세레리(공뺏기)
	6일	토교 하루미(晴海)의 데죠메시키소방마쯔리
	7일	우소카에 후쿠오카현, 다자이후텐만구 신사
	9일~11일	오오사카(大阪)의 이마이진자(今宮神社)의 산불제
	15일	나라의 와까쿠사야마(若草山)의 산불제
		/ 교토 산쥬산겐구사원에서의 토시야(전통궁도대회)
	17일	아끼다시(秋田市)미요시진자(三吉神社) 본텐마쯔리
2	2일~6일	삿뽀로의 눈 마쯔리
	3일	전국적으로 세쯔분(節分)
	4일	나라 가수가진자(春日神社)만토로오(萬燈龍)마쯔리
	3째주 주말	'카마쿠라' 아키타현 요코테
	3째주 토요일	후쿠오카현 사이다이지 사원의 '에요'
	17~20일	아오모리현 하치노혜의 '엠부리' 수확제의 축제행렬
3	1~4일	나라 토다이지 오미즈토리
	3일	전국적으로 히나마쯔리(여자어린이를 위한 축제)
4	8일	절에서 꽃마쯔리
	14일~15일	다까야마(高山) 히에진자(日枝神社)
	16일~17일	닛꼬(日光) 후따라산진자(二荒山神社) 야요이마쯔리

월	일	주요 마쯔리 일정
5	3일~4일	후꾸오카시 하까다의 하까다돈따구
	15일	쿄토 시모가모 카미가모 두진자(神社)의 아오이마쯔리
	17일~18일	닛꼬오(日光) 도오쇼오구우(東照宮)의 큰 마쯔리
	제3토/일요일	토쿄 아사쿠사진자(神社)의 산자(三社)마쯔리
	제3일요일	쿄토 아라시야마의 미후네(三船)마쯔리
6	10일~16일	토쿄 히에진쟈의 산노(山王)마쯔리
	14일	오사카(大阪) 수미요시진자(住吉神社)의 모심기 마쯔리

7	1일~15일	후꾸오까시 하까다야마가사의 산달구지 마쯔리
	7일	전국적으로 칠석(七夕)
	13일~16일	전국적으로 본(盆)마쯔리
	중순경	히로시마현의 미야지마(宮島)의 음악마쯔리
	16일~17일	쿄토의 야사까진자(八坂神社)의 기온마쯔리
	24일~25일	후꾸시마현 하라마찌(原町)의 말 마쯔리
8	1일~7일	아오모리(靑森)와 히로사끼의 네부따 마쯔리
	5일~7일	아끼다(秋田)시의 간또마쯔리
	6일~8일	센다이의 타나바타(七夕)마쯔리
	12일~15일	도꾸시마市의 아와오도리 마쯔리
	16일	쿄토 다이몬지(大文字)구이 마쯔리
9	16일	카마쿠라의 야부사매마쯔리(말을 타고 활을쏘는 것)
10	7일~9일	나가사끼 수와진자의 오꾼찌 마쯔리
	9일~10일	다까야마(高山)의 다까야마 마쯔리
	11일~13일	토쿄의 혼몬지(本門寺)의 오에시끼 마쯔리
	17일	닛꼬오(日光) 도오쇼오구우(東照宮)의 가을 마쯔리
	22일	쿄토헤이안진구우(平安神宮)의 지다이(時代)마쯔리
11	3일	하꼬네(箱根) 다이묘(大名)행렬 마쯔리
	2일~4일	사가(佐賀)현/가라쯔진자(唐津神社) 오꾼지마쯔리
	15일	전국적으로 시찌고산(七, 五,三) 마쯔리
12	17일	나라의 사수가다이샤(春日大社)마쯔리.
	중순경	토쿄 아사쿠사논지의 도시노이찌 마쯔리
	31일	쿄토/야사까진자(八坂神社)의 오케라마이리(求參)마쯔리
		아키다현 오가반도의 나마하게 마쯔리

교통수단

거리에서 일본인에게 길을 물어볼 경우 질문을 하는 사람이 외국인이라는 것을 안 그 순간부터 그 일본인의 얼굴은 하얗게 변할 것이다. 가장 효과적인 방법은 자신이 가고자 하는 곳을 지도상에서 지적해주거나, 글(한문, 영문)로 적어 보여주는 것이다.

일본에서 가장 많이 이용하게 되는 대중교통 수단은 전철이다. 전철 타는 법은 한국과 거의 동일하기 때문에 이용해 본 적이 있는 사람이라면 거의 불편함을 못 느낄 것이다. 다만 한 가지 다른 점은 한국 내 지하철의 경우 모든 구간이 연결되어 있어 갈아타는 경우 표를 다시 끊거나 외부로 나갈 필요가 없는 데 반해, 일본 지하철의 경우 일단 밖으로 나가서 근처의 다른 역을 이용해야 하는 경우도 있다.

① 길 물어보기

1. 이 지도에서 현재 위치를 가르쳐 주십시오.
この 地図で 現在地を 教えて ください。
코노 치즈데 겐-자이치오 오시에떼 쿠다사이

2. 이곳입니다.
ここです。
코코데스

3. 모르겠으니, 다른 사람에게 물어보십시오.
わかりませんので、他の 人に 聞いて ください。
와까리마셍-노데 호까노 히또니 키이떼 쿠다사이

4. 세이부백화점(현금자동인출기/가부키좌)은 어디에 있습니까?
西武デパート (ATM/歌舞伎座)は どこに ありますか。
세-부데파-토(에-티에무/카부키자)와 도꼬니 아리마스까

5. 저 교차로의 건너편에 있습니다.
あの 交差点の 向こう 側に あります。
아노 코-사텐-노 무코-가와니 아리마스

6. 가르쳐 드릴 테니 따라오세요.
教えて あげますから、ついて 来てください。
오시에떼 아게마스까라 쯔이떼 키떼 쿠다사이

7. 이 근처에는 없습니다.
この 近くには ありません。
코노 치카꾸니와 아리마셍-

8. 걸어서 갈 수 있습니까?
歩いて 行けますか。
아루이떼 이케마스까

9. 네, 걸어서 10분 정도 걸립니다.
はい、歩いて 10分ぐらい かかります。
하이 아루이떼 쥼-뿐구라이 카카리마스

10. 아뇨, 걸어서 가는 것은 무리입니다.
いいえ、歩いて いくのは むりです。
이-에 아루이떼 이꾸노와 무리데스

11. 서점은 어디에 있습니까?
本屋は どこに ありますか。
홍-야와 도꼬니 아리마스까

12. 약도를 그려주실 수 있겠습니까?
略図を 描いて もらえますか。
랴꾸즈오 카이떼 모라에마스까

13. 저 사거리에서 다시 물어보세요.
あの 交差点で 聞いて ください。
아노 고사텐-데 키이떼 쿠다사이

14. 죄송합니다. 잘 모르겠습니다.
すみません。よく 分かりません。
스미마셍- 요꾸 와까리마셍-

교차로	길	큰길	맞은 편
交差点	道	大道	向こう側
코-사텡-	미찌	오-미찌	무코-가와
백화점	베스트전기	빅카메라	샛길
デパート	ベスト電器	ビッグカメラ	中道
데파-또	베스토뎅끼	빅-구카메라	나까미찌
신호등	표시	오른 쪽	왼쪽
信号機	印	右側	左側
싱-고-끼	시루시	미기가와	히다리가와

일본에 도착하여 제일 먼저 느끼게 되는 우리와 다른 점이 있다면 한국과 통행방향이 반대라는 점일 것이다. 그래서 차량의 출입문이 반대쪽에 있으며 운전석의 위치도 우리와 반대이다.
특히 주의할 점은 횡단보도를 건널 때인데 무심코 돌아보는 쪽에서 차가 오는 것이 아니라 반대쪽에서 차량이 오므로, 양쪽을 다 살핀 후 건너지 않으면 사고의 위험이 있으므로 조심해야 한다.

② 지하철

1. 이 근처에 전철역이 있습니까?
この　近くに　地下鉄の駅が　ありますか。
코노 치카쿠니 치카테츠노에끼가 아리마스까

2. 저기 보이는 사거리에 있습니다.
あそこの　交差点に　あります。
아소꼬노 코-사텐-니 아리마스

3. 이 근처에는 없습니다.
この　近くには　ありません。
코노 치카쿠니와 아리마셍-

4. 이 전차가 우에노행입니까?
この　電車は　上野行きですか。
코노 덴-샤와 우에노유끼데스까

5. 네, 맞습니다.
はい、そうです。
하이 소-데스

6. 아니오, 다음 전철입니다.
いいえ、次の　電車です。
이-에　쯔기노 덴-샤데스

7. 후카야에 가는 전철은 몇 번 홈에서 타야 합니까?
深谷行きの　電車は　何番ホームで　乗りますか。
후카야유끼노 덴-샤와 남-반-호-무데 노리마스까

8. 4번 홈입니다.
4番 ホームです。
욤-반- 호-무데스

---

9. 5번선 문이 닫힙니다. 주의하십시오.
5番線 ドアーが しまります。ご注意ください。
고반-센- 도아-가 시마리마스 고츄-이쿠다사이

---

10. 하라주쿠에 가려면 어느 역에서 갈아타야 합니까?
原宿は どの 駅で 乗り換えますか。
하라쥬꾸와 도노 에끼데 노리카에마스까

---

11. 하마마츠쵸역에서 갈아타면 됩니다.
浜松町駅で のりかえます。
하마마츠쵸-에끼데 노리카에마스

---

12. 이번 역은 우에노역입니까?
この次の 駅は 上野ですか。
코노쯔기노 에끼와 우에노데스까

---

13. 이번 역은 토쿄역입니다.
次の 駅は 東京駅です。
쯔기노 에끼와 토-쿄-에끼데스

---

14. 긴자역은 몇 번째역입니까?
銀座駅は 何番目ですか。
긴-자에끼와 남방-메데스까

---

15. 여기부터 5번째입니다.
ここから 5番目の 駅です。
코코까라 고방-메노 에끼데스

개찰구	급행열차	보통열차	(운행)시각표
改札口	急行列車	普通列車	ダイヤ
카이사쯔구찌	큐-코-렛-샤	후츠-렛-샤	다이야
왕복	자동발매기	자유석	정차
往復	自動発売機	自由席	停車
오-후꾸	지도-하츠바이키	지유-세끼	테-샤
지정석	지하철	철도	출발
指定席	地下鉄	鉄道	出発
시테-세끼	치카테쯔	테쯔도-	슙-빠츠
특급열차	편도	환승	휴일시각표
特急列車	片道	乗り換え	休日ダイヤ
톡-큐-렛-샤	카타미찌	노리카에	큐-지쯔다이야

지하철 자동발매기 사용법 *Tip*

○ 서울의 지하철과는 달리 판매기에 먼저 돈을 투입한 후에 필요한 역의 요금표시를 누르면 된다. 역 이름과 그에 따른 요금은 판매기 위의 노선도에 쓰여 있고, 2장 이상을 구입하려고 할 때에는 돈을 투입한 후 매수의 단추를 누르고 요금표시를 누르면 된다.

○ 대부분의 자동발매기는 10,000엔짜리 지폐도 사용할 수 있도록 되어 있다.

○ 승차권을 구입할 때 돈이 모자랄 경우나 하차역보다 더 가야 할 경우는 도중에 내리지 말고 목적지까지 가서 모자라는 금액을 精算機(정산기)에서 정산하면 된다.

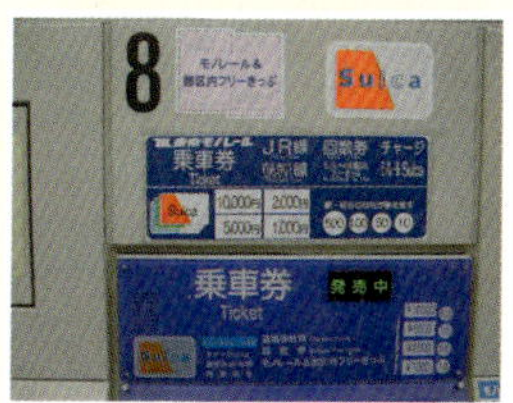

▲ 지하철 승차권 발매기

▲ 정산기

③ 버스

1. 이 근처에 버스정류장이 있습니까?
この 近くに バス停が ありますか。
코노 치카꾸니 바스테-가 아리마스까

2. 버스정류장은 어디에 있습니까?
バスのりばは どこに ありますか。
바스노노리바와 도꼬니 아리마스까

3. 시부야로 가고 싶습니다만, 몇 번을 타면 됩니까?
渋谷へ 行きたいんですが、何番線に 乗れば いいですか。
시부야에 이끼타인-데스가 남-반-센-니 노레바 이-데스까

4. 이 버스 시부야에 갑니까?
この バス、渋谷に 行きますか。
코노 바스 시부야니 이끼마스까

5. 예, 갑니다.
はい、行きます。
하이 이끼마스

6. 아니오, 가지 않습니다.
いいえ、行きません。
이-에 이키마셍-

7. 시부야에서 내려주세요.
渋谷で 下ろして ください。
시부야데 오로시떼 쿠다사이

8. 예, 알겠습니다.
はい、分かりました。
하이 와까리마시따

9. 여기서 시부야까지 얼마나 걸립니까?
ここから 渋谷まで、どのぐらい かかりますか。
코코까라 시부야마데 도노구라이 카카리마스까

10. 시부야는 다음 정류장입니다.
渋谷は この次の停留場です。
시부야와 코노 쯔기노 테-류죠-데스

실용단어

관광버스	노선도	발차	시각표
観光バス	路線図	発車	時刻表
캉-코-바스	로센-즈	핫-샤	지코쿠효-
시내버스	왕복	유효기간	정차
市内バス	往復	有効期間	停車
시나이바스	오-후꾸	유-코-키캉-	테-샤
정류장	직행버스	차내방송	편도
停留場	直行バス	社内放送	片道
테-류-죠-	촉-코-바스	샤나이호-소-	카타미찌

Tip — 일본의 버스

일본의 버스는 앞문으로 탈 때와 뒷문으로 탈 때 각각 요금지불방식이 다르다. 앞문을 이용할 경우 요금함에 표시된 금액을 요금함에 직접 넣으며 잔돈도 돌려받을 수 있다. 뒷문으로 탈 경우에는 타면서 정리권(整理券) 자동발매기에서 정리권을 뽑는다. 내릴 때는 하차벨을 누르고 버스가 완전히 정차한 후 일어나 버스 앞쪽에 위치한 전자식으로 된 요금표에서 자신이 가지고 있는 정리권의 숫자에 해당하는 금액을 내고 내리면 된다. 한 가지 주의할 점은 한국에서처럼 미리 일어날 필요가 없다는 것이다. 일찍 일어나면 오히려 운전기사에게 주의를 들을 수도 있다. ··*

④ 택시

1. 택시 정류장은 어디에 있습니까?
タクシー乗り場は どこに ありますか。
타쿠시-노리바와 도꼬니 아리마스까

2. 뒷 트렁크를 열어주세요.
後ろの トランクを 開けて ください。
우시로노 토랑-쿠오 아케테 쿠다사이

3. 안녕하세요.
こんにちは。
콘-니찌와

4. 이 주소까지 가주세요.
この住所まで 行って ください。
코노 쥬-쇼마데 잇-떼 쿠다사이

5. 팔레스호텔 부탁합니다.
パレスホテル お願いします。
파레스호테루 오네가이시마스

6. 팔레스호텔말입니까?
パレスホテルですか。
파레스호테루데스까

7. 네.
はい。
하이

8. 얼마나 걸립니까?
どれぐらい かかりますか。
도레구라이 카카리마스까

9. 15분 정도 걸립니다.
15分ぐらい かかります。
쥬-고훈-구라이 카카리마스

10. 똑바로 가세요.
まっすぐ 行って ください。
맛-스구 잇-떼 쿠다사이

11. 거기서 세워주세요.
そこで とめて ください。
소꼬데 토메떼 쿠다사이

12. 여기면 되겠습니까?
ここで いいですか。
코코데 이-데스까

13. 2,750엔입니다.
2,750円です。
니센-나나햐꾸고쥬-엔-데스

14. 만엔짜리인데 괜찮습니까?
一万円札で よろしいですか。
이찌망-엔-사쯔데 요로시-데스까

15. 네, 괜찮습니다.
はい、けっこうです。
하이 켁-꼬-데스

16. 네, 거스름돈 250엔입니다.

はい、250円の おつりです。

하이 니햐꾸고쥬-엔-노 오쯔리데스

17. 거스름돈은 괜찮습니다.

おつりは 結構です。

오쯔리와 켁-꼬-데스

거스름돈	기본요금	교차로	모퉁이
おつり 오쯔리	基本料金 키혼-료-킹-	交差点 코-사텡-	角 카도
맨션	빈차	영수증	요금
マンション 만-숀-	空車 쿠-샤	領収書 료-슈-쇼	料金 료-킹-
운전기사	적신호	짐	청신호
運転手さん 운-텐-슈상-	赤信号 아카싱-고-	荷物 니모쯔	青信号 아오싱-고-
택시정류장	트렁크		
タクシ-乗り場 타쿠시-노리바	トランク 토랑-쿠		

Tip

일본에서 택시를 탈 때는 사람이 많은 경우를 제외하고 보통 뒷좌석에 타는 것이 일반적이다. 또한 모든 택시는 자동문이므로 타거나, 내릴 때 모두 운전기사가 알아서 열어줄 때까지 기다려야 한다. 대부분의 운전기사들은 영어를 할 줄 모른다. 따라서 주소를 종이에 적어 보여주는 것이 가장 확실하다.

일본에서 이동을 할 때 가장 편리하고 교통 혼잡 없이 빠르게 움직일 수 있는 것이 지하철이다. 그만큼 다른 교통수단보다 잘 발달되어 있지만, 거리에 따라, 그리고 운영회사에 따라 그 요금의 차이가 있다. 특히 동경이나 오사카 같은 대도시는 그 노선도 대단히 많고 복잡하므로 지하철 노선도를 통해 가고자 하는 곳에 대한 정보를 미리 숙지하고 이동하는 것이 좋다.

일본인들도 대중교통으로서 지하철을 많이 이용한다. 특히 일본 지하철의 특징은 정확하게 시간을 맞춘다는 것이다. 요금은 우리 나라와 마찬가지로 구간에 따라 달라지며 이용하는 방법도 거의 비슷하다. 일본의 티켓 자동 판매기는 만엔짜리 같은 고액권도 사용할 수 있기 때문에 동전으로 교환해야 하는 번거로움이 없다. 이렇게 편리한 지하철이지만 대체적으로 일본의 교통비는 우리나라보다 훨씬 비싸다. 따라서 대도시에서 하루종일 사용할 수 있는 일일승차권을 이용하면 비용을 조금이나마 절약할 수 있다.

일본의 버스는 이용자가 적은 편이다. 요금도 비싸고 배차간격도 5분 이상인데다 교통체증이 심하기 때문이다. 일본에서 버스는 많이 이용하지는 않지만 정류소에 써 있는 시간에 정확히 맞춰서 오기 때문에 가까운 곳이나 자기가 살고 있는 동네를 한바퀴 돌아보고자 할 때 이용한다면 좋을 것이다. 버스요금은 회사에 따라 다르나 보통 180엔 내지 200엔 정도이다. 도시에 따라서 이용거리에 따라 요금이 가산되는 곳도 있다.

일본의 택시는 4인승의 소형과 5인승의 중형, 대형택시가 있다. 따라서 택시의 크기에 따라 요금도 달라진다. 택시의 지붕에는 회사의 이름이 표시된 램프가 켜져 있다. 택시를 잡기 위해서는 앞 유리창에 〈空車-くうしゃ〉라는 빨간불이 켜졌을 경우 손을 들면 된다. 택시의 문도 자동으로 열리고 닫히므로 자신이 직접 열고 닫지 않도록 하며, 혼자 탈 경우 앞좌석에 앉으면 오히려 이상한 사람으로 오해받을 경우가 있으므로 주의하기 바란다. 기본요금은 660엔이며 80엔씩 가산된다. 또한 밤 11시에서 새벽 5시까지는 심야요금이 적용되므로 각각 30%씩 비싸진다.

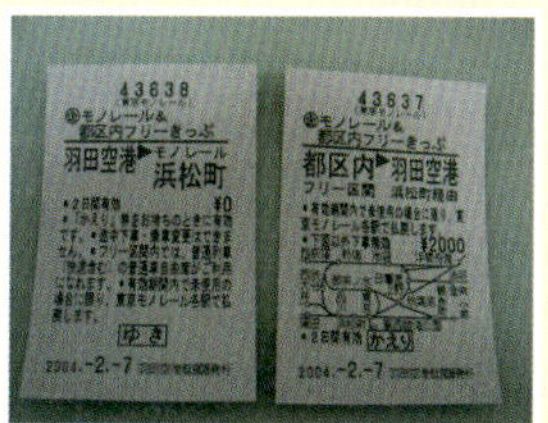

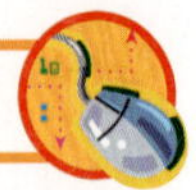

열차편이 일본 전역을 편리하게 연결하고 있다. 열차에도 많은 종류가 있기 때문에 장기간 체류시 JR패스나 특정지역에서 이용할 수 있는 큐슈레일패스, JR EAST 패스, 간사이패스, 산요 지방패스, 청춘18티켓 등 여행 일정에 맞는 패스를 구입하여 이용하는 것이 유리하다.

≫ **JR 패스** : 일본 관광을 온 외국인 여행자에게만 판매하며, 전지역에서 이용 가능하다.
　 JR 패스에 대한 자세한 설명은 15page 참고

≫ **JR 규슈레일패스**(Kyushu Rail Pass) : 규슈 지역인 후쿠오카, 나가사키, 구마모토, 가고시마, 오이타, 미야자키, 벳부, 하우스 텐보스 등의 유명 관광지를 자유롭게 이동할 수 있는 패스이다. 규슈 지역만 여행할 때 가장 활용도가 높은 패스로 규슈 지역의 JR 열차를 마음껏 사용할 수 있다.
5일 사용 패스(15,000엔) / 7일 사용 패스(20,000엔)

≫ **JR EAST 패스** : JR EAST 패스는 혼슈 지역인 도쿄, 니가타, 나가노, 센다이, 아키타, 모리오카, 후쿠시마 등 총 연장 7,500㎞에 달하는 지역에서 JR의 모든 교통편을 이용할 수 있는 패스이다.
1등석 (Green) - 5일(28,000엔 / 14,000엔), 10일(44,800엔 / 22,400엔)
2등석 (Ordinary) - 5일(20,000엔 / 10,000엔), 10일(32,000엔 / 16,000엔) (성인 / 어린이)

≫ **간사이패스** : 교토, 오사카, 고베, 나라, 히메지 등 간사이 지방의 짧은 여행을 위한 패스로 JR West 철도회사에서 운행하는 열차의 비지정석 열차를 정해진 기간 동안 무제한 이용할 수 있다. 1일 사용 패스(2,000엔) / 4일 사용 패스(6,000엔)

≫ **청춘18티켓** : 여름, 겨울, 봄방학 기간만 사용가능하며, 매년 조금씩 사용 가능날짜가 변경되므로 미리 확인을 해야 한다. JR패스는 외국인을 위해 만들어진 것이지만 이 티켓은 내·외국인 누구나 연령에 관계없이 사용할 수 있다. 따라서, 관광비자가 없어서 JR패스를 사용할 수 없는 사람들에게 유용한 티켓이다. JR패스와 달리 청춘18티켓은 현지 JR열차티켓 구입창구에서 바로 구입할 수 있다. JR패스와 가장 큰 차이점은 JR패스는 JR노선이면 신칸센부터 일반 보통열차, JR페리, JR버스까지 무제한 이용할 수 있으나, 청춘18티켓은 보통열차 중에서 급행을 제외한 보통과 쾌속, 신쾌속, 전차까지만 이용 가능하다. 다만 야간열차 등을 탈 수 있으므로, 저렴한 비용으로 일본 일주를 해야하는 사람들에게 최적의 선택이다. 또한 JR패스와 달리 사용 유효기간 내에 아무 때나 사용할 수 있는 점도 큰 장점이다.
청춘18티켓 1장의 가격은 11,500엔으로 총 5번 사용할 수 있다. 이 티켓은 5군데 도장 찍는 곳이 있어서 한 번 도장을 찍으면 하루 사용이 가능하다. 여기서 말하는 하루란 도장을 찍은 시간부터 그날 24시까지를 말하는데, 즉 밤 9시에 찍었다면 밤 12시까지 3시간밖에 사용할 수 없는 것이다. 따라서 시간 계산을 잘해서 사용해야 한다.

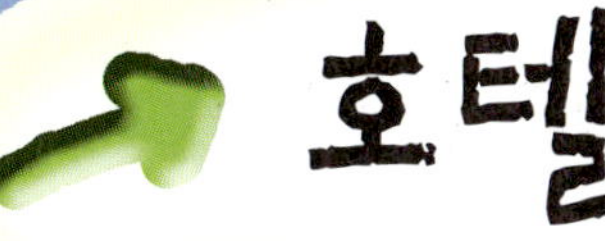

호텔

패키지여행의 경우 호텔예약까지 포함되지만, 호텔을 개인적으로 예약해야 할 경우에는 한국에서 미리 예약하고 가는 것이 좋다. 여행을 떠나기 전 시간적인 여유를 가지고 저렴하고 시설이 괜찮은 곳을 고른 후 전화나 인터넷으로 예약하면 된다.

욕실을 이용할 때는 밖으로 물이 튀지 않도록 커튼을 치며 수건은 용도에 따라 사용한다. 작은 타올은 몸을 씻는 데 사용하고, 중간 타올은 얼굴, 큰 타올은 몸, 두꺼운 타올은 발을 닦는 데 사용한다. 복도에서는 큰 소리로 떠들지 않으며 객실 내의 물건은 허가없이 가지고 나와서는 안 된다. 여행자 수표나 여권 등의 귀중품은 프론트에서 대여금고(Safety Box)를 빌려서 맡겨 둔다.

① 체크인

1. 어서 오십시오.
いらっしゃいませ。
이랏-샤이마세

2. 안녕하세요.
こんばんは。
콤-방-와

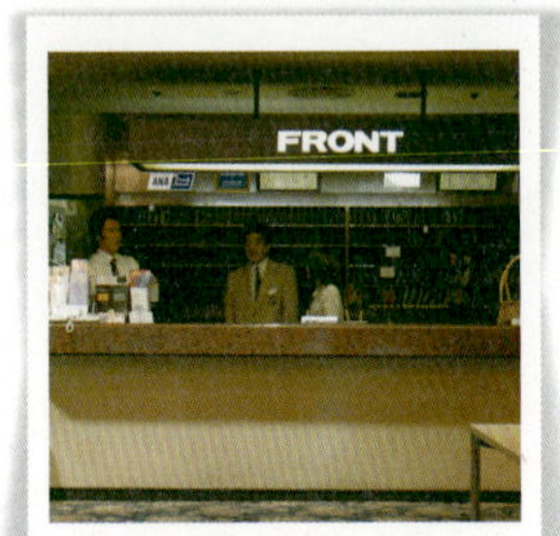

3. 예약하셨습니까?
ご予約ですか。
고요야꾸데스까

4. 네, 홍길동이라고 합니다만.
はい、ホンギルドンと 申しますが。
하이 홍길동또 모-시마스가

5. 잠시만 기다려주십시오.
少々 お待ちください。
쇼-쇼- 오마찌쿠다사이

6. 아뇨, 아직 하지 않았습니다만.
いいえ、まだ して ないですが。
이-에 마다 시떼 나이데스가

7. 혼자이시죠.
お一人様ですね。
오히또리사마데스네

8. 오늘 하루만 묵으시는 건가요?

お泊まりに なるのは 今日だけですか。

오토마리니 나루노와 쿄-다케데스까

9. 네, 그렇습니다.

はい、そうです。

하이 소-데스

10. 아뇨, 오늘부터 3일간 (묵을 예정)입니다.

いいえ、今日から 三日間です。

이-에 쿄-까라 믹-까깐-데스

11. 하룻밤에 얼마입니까?

一泊 おいくらですか。

입-빠꾸 오이꾸라데스까

12. 싱글룸으로 아침식사 포함해서 하루에 21,000엔부터 있습니다.

シングルルームで 朝食付き 一泊 21,000円から あります。

싱-구루루-무데 쵸-쇼꾸쯔키 입-빠꾸 니망-잇-셍-엥-까라 아리마스

13. 좀 더 싼 방은 없습니까?

もっと 安い部屋は ありませんか。

못-또 야스이 헤야와 아리마셍-까

14. 같은 방으로 식사가 포함되지 않으면 19,000엔입니다.

同じ部屋で 食事が ついて ないと 19,000円に なります。

오나지헤야데 쇼꾸지가 쯔이떼 나이또 이찌망-큐-셍-엔-니 나리마스

15. 죄송합니다만, 오늘은 이미 만실입니다.

申し訳ございませんが、今日は もう 満室で ございます。

모-시와케고자이마셍-가 쿄-와 모- 만-시쯔데 고자이마스

16. 트윈룸에서 싱글룸으로 바꿀 수 있습니까?
ツインルームを　シングルに　換えて　もらえますか。
츠인-루-무오 싱-구루니 카에떼 모라에마스까

17. 네, 가능합니다.
はい、できます。
하이 데끼마스

18. 죄송합니다만, 불가능합니다.
申し訳ございませんが　できません。
모-시와케고자이마셍-가 데끼마셍-

19. 체크아웃은 몇 시까지입니까?
チェックアウトは　何時までですか。
첵-쿠아우또와 난-지마데데스까

20. 아침 11시까지입니다.
朝11時までです。
아사 쥬-이찌지마데데스

귀중품	기입	더블침대	비싸다
貴重品	記入	ダブルベッド	高い
키쵸-힝-	키뉴-	다부루벳-도	타카이
싱글룸	아침식사	열쇠	지배인
シングル　ルーム	朝食	キー	支配人
싱-구루 루-무	쵸-쇼꾸	키-	시하이닌-
체크아웃	카운터	트윈베드	
チェックアウト	カウンター	ツインベッド	
첵-쿠아우토	카운-타-	츠인-벳-도	

○ **고급 호텔** : 사우나, 헬스 등의 편의시설과 쇼핑가와 칵테일 라운지를 비롯하여 룸서비스나 통역 업무에 이르기까지 고객이 원하거나 필요로 하는 거의 모든 서비스가 제공된다. 요금은 싱글룸일 경우 1박에 2만~3만엔이고, 더블룸은 3만~4만엔이다. 예약은 필수이다.

○ **비즈니스 호텔** : 원래는 자국내 비즈니스맨들을 위해 만들어졌으나, 출장이 잦은 회사원이나 여행객들도 많이 이용한다. 가격이 저렴하고 특히 대중교통 이용이 편리하며 비교적 쾌적하다. 각층 객실의 복도에는 간이식품이나 음료를 살 수 있는 자동판매기가 설치되어 있으며, 호텔에 따라 대욕장 및 사우나 시설을 갖춘 곳도 있다. 비즈니스맨이 많이 이용하기 때문에 싱글룸이 주를 이루며 더블룸 또는 트윈룸은 그 수가 많지 않다. 요금은 1박에 5천~1만 5천엔 정도이며 예약은 필수이다.

○ **료칸(旅館)** : 옛날의 옛 정취를 느끼고 싶다면 전통적인 료칸(일본식 여관)에서 묵는 것도 독특한 경험이 될 것이다. 각 객실은 디자인은 단순하지만 넓고, 바닥에는 다다미가 깔려 있다. 침구는 벽장에 보관되어 있는데 저녁식사가 끝나면 객실 담당 여성이 방에 침구를 깔아준다. 목욕탕은 주로 공중탕이며, 탕에 들어가기 전에 씻고 들어가는 것이 예의이다. 식사는 주로 객실 담당 여성이 가져다 주며, 그 가격은 숙박료에 포함되어 있다. 1인당 하룻밤 숙박료는 15,000엔에서 40,000엔 정도이며, 세금과 서비스요금은 별도이다. 규모에 상관없이 일본식 료칸은 일본인의 전통적 습관이나 예의, 생활양식을 경험할 수 있는 귀중한 기회를 제공해 준다.

○ **유스호스텔** : 비용과 시설면에서 여행자들이 가장 편하게 이용할 수 있는 숙박시설이다. 체크인 시간은 대략 15:00~23:00, 체크아웃 시간은 09:00까지이며 한 곳에서 3일 이상 머물 수 없다. 한국에서 국제 유스호스텔 회원증을 만들어 갈 경우 일본에서 유스호스텔을 10~20% 할인된 가격에 이용할 수 있다. 요금은 1박에 2,300~3,500엔, 아침식사는 500~600엔, 저녁식사는 800~900엔 정도이다.

○ **캡슐호텔** : 원래 일본에만 있던 독특한 숙박 형태. 몸만 누일 수 있는 작은 공간이지만 TV도 준비되어 있다. 공통욕실(사우나) 및 화장실을 이용해야 하며 요금은 약 3,000엔 정도로 저렴한 편이다. 남성전용인 곳이 많아서 여성은 이용하기 어렵다.

② 호텔 서비스

1. 방은 몇 층입니까?
部屋は 何階ですか。

2. 5층입니다.
5階です。
고까이데스

3. 식당은 어디에 있습니까?
食堂は どこに ありますか。
쇼꾸도-와 도꼬니 아리마스까

4. 10층에 있습니다.
10階に あります。
쥬-카이니 아리마스

5. 식당은 몇 시부터입니까?
食堂は 何時からですか。
쇼꾸도-와 난-지까라데스까

6. 점심은 오전 11시 30분부터 오후 2시까지입니다.
昼食は 午前11時30分から 午後2時までです。
츄-쇼꾸와 고젠-쥬-이찌지까라 고고니지마데데스

7. 저녁은 5시반부터 10시까지입니다.
夕食は 5時半から 10時までです。
유-쇼꾸와 고지항-까라 쥬-지마데데스

8. 이것을 맡아주시겠습니까?
これ、あずかって もらえますか。
코레 아즈캇-떼 모라에마스까

9. 네, 언제까지 맡아둘까요?
はい、いつまで お預かりいたしましょうか。
하이 이쯔마데 오아즈카리이따시마쇼-까

10. 내일까지 부탁드립니다.
明日まで お願いします。
아시따마데 오네가이시마스

11. 네, 알겠습니다.
はい、かしこまりました。
하이 카시코마리마시따

12. (방안에 있는데 누군가 노크하는 경우) 누구세요?
どなたさまですか。
도나따사마데스까

13. 여보세요, 512호실입니다만.
もしもし、512号室ですけど。
모시모시 고햐꾸쥬-니고-시쯔데스케도

14. 룸서비스를 부탁하고 싶습니다만.
ルームサービスを お願いしたいんですけど。
루-무사-비스오 오네가이시타인-데스케도

15. 방 번호를 확인하겠습니다.
部屋の 番号を 確認いたします。
헤야노 방-고-오 카쿠닝-이따시마스

16. 512호실이시죠?

512号室ですね。

고햐꾸쥬-니고-니고-시쯔데스네

---

17. 모닝콜을 부탁드립니다.

モーニングコールを お願いします。

모-닝-구코-루오 오네가이시마스

---

18. 몇시에 해 드릴까요?

何時に いたしましょうか。

난-지니 이타시마쇼-까

---

19. 아침 7시에 부탁드립니다.

朝7時に お願いします。

아사시찌지니 오네가이시마스

계란프라이	난방	냉방	냉장고
目玉焼き 메다마야끼	暖房 담-보-	冷房 레-보-	冷臓庫 레-조-꼬
담요	덥다	면도기	베개
毛布 모-후	暑い 아츠이	ひげそり 히게소리	枕 마쿠라
시트	이불	화장실휴지	춥다
シーツ 시-츠	布団 후통-	トイレット ペーパー 토이렛-또 페-파-	寒い 사무이

③ 호텔서비스의 문제

1. 열쇠를 방에 두고 나왔습니다.
鍵を　部屋に　置き忘れました。
카기오 헤야니 오끼와스레마시따

2. 열쇠를 잃어버렸습니다.
キーを　なくしました。
키-오 나꾸시마시따

3. 뜨거운 물이 안 나옵니다.
お湯が　出ないんです。
오유가 데나인-데스

4. 난방이 안 됩니다.
暖房が　きかないんです。
담-보-가 키카나인-데스

5. 냉방이 안 됩니다.
冷房が　きかないんです。
레-보-가 키카나인-데스

6. 불이 안 켜져요.
電気が　つきません。
뎅-키가 츠키마셍-

7. 수건이 없습니다.
タオルが　ないんです。
타오루가 나인-데스

8. 텔레비전이 안 나옵니다.

テレビが　映らないんです。

테레비가 우쯔라나인-데스

---

9. 방을 바꿀 수 있습니까?

部屋を　替えて　いただけませんか。

헤야오 카에떼 이타다케마셍-까

---

10. 왜 그러십니까?

どうか　なさいましたか。

도-까 나사이마시따까

---

11. 옆방이 너무 시끄럽습니다.

となりの　へやが　とても　うるさいんです。

토나리노 헤야가 토테모 우루사인-데스

---

12. 죄송합니다.

どうも　すみません。

도-모 스미마셍-

---

13. 죄송합니다만, 프런트까지 와주실 수 있겠습니까?

申し訳ございませんが、フロントのほうまで　おこ
しいただけますか。

모-시 와케고자이마셍-가 후론-토노 호-마데 오코시이타다케마스까

---

14. 네, 알겠습니다.

はい、分かりました。

하이 와까리마시따

④ 체크아웃

1. 체크아웃을 부탁드립니다.
チェックアウトを お願いします。
첵-쿠 아우토오 오네가이시마스

2. 몇 호실입니까?
何号室ですか。
낭-고-시쯔데스까

3. 512호실입니다.
512号室です。
고햐꾸쥬-니고-시쯔데스

4. 이 요금은 무엇입니까?
この 料金は 何ですか。
코노 료-킹-와 난-데스까

5. 국제전화요금입니다.
国際電話代です。
콕-사이뎅-와다이데스

6. 현금(신용카드)이라도 괜찮습니까?
現金(クレジット カード)で よろしいですか。
겡-킨-(쿠레짓-또카-도)데 요로시-데스까

7. 네, 상관없습니다.
はい、けっこうです。
하이 켁-코-데스

8. 죄송합니다만, 카드는 안됩니다.
申し訳ございませんが できません。
모-시와케고자이마셍-가 데끼마셍-

9. 맡겨둔 짐을 찾고 싶습니다만.
預けて おいた お荷物を うけとりたいんですが。
아즈케떼 오이따 오니모쯔오 우케토리타인-데스가

10. 택시를 불러 주세요.
タクシーを 呼んで ください。
타쿠시-오 욘-데 쿠다사이

11. 약15분 정도 기다리셔야 하는데 괜찮으시겠습니까?
約15分ぐらい 待って いただくことに なりま
すが よろしいですか。
야꾸 쥬-고훙- 구라이 맛-떼 이타다꾸코또니 나리마스가 요로시-데스까

12. 그러면 걸어서 가겠습니다.
それなら 歩いて 行きます。
소레나라 아루이떼 이키마스

13. 매번 감사합니다.
毎度 ありがとうございます。
마이도 아리가또- 고자이마스

14. 감사했습니다.
どうも ありがとうございました。
도-모 아리가또-고자이마시따

금액	국제통화	세금	서비스료
金額 킹-가꾸	国際通話 코쿠사이츠-와	税金 제-킹-	サービス料 사-비스료-
숙박료	시내통화	영수증	
宿泊料 슈쿠하쿠료-	市内通話 시나이츠-와	領収書 료-슈-쇼	

객실의 종류

- 싱글 룸 (single room) : 침대가 하나인 1인용 방
- 트윈 룸 (twin room) : 2인용 방이지만 더블 베드가 아니라 싱글 베드가 두 개 있다. 싱글 룸보다 요금이 싸다.
- 더블 룸 (double room) : 2인용 방으로 더블 베드를 사용한다.
- 트리플 룸 (triple room) : 3인용 방으로 싱글 베드가 세 개 있는 것과 더블 베드 하나, 싱글 베드 하나가 있는 경우가 있다.
- 스위트 룸 (suite room) : 객실에 침실, 거실, 부엌, 욕실 등이 완비되어 있다.
- 스튜디오 트윈 룸 (studio twin room) : 싱글 베드 하나, 소파 겸용 베드가 하나 놓인 2인용 방

호텔 서비스 

귀중품 관리
cashier에게 금고(Safety Box)를 빌려서 보관한다.

룸 서비스 (Room Service)
방에서 식사를 하거나 음료를 주문할 수 있다. 객실 책상에 비치되어 있는 메뉴를 보고 전화로 주문한다. 가지고 온 보이에게는 팁을 준다.

모닝 콜 (Morning Call)
교환에게 시간과 방 번호를 알려준다.

세탁 서비스 (Laundry Service)
방에 비치되어 있는 「LAUNDRY」라고 쓰어진 자루에 세탁물을 넣고 신청용지에 필요사항을 기입해 두면 룸메이드가 가지고 간다.전화로 룸메이드에게 세탁물을 맡길 수도 있다.

안내 (Information)
메시지나 편지를 맡아 주고 식당을 예약할 수도 있다. 리조트 호텔에는 스포츠 전문 데스크 (Activity Desk)가 있다. 그외 소포 포장 상자의 준비 또는 발송, 우편물의 발송, 전보 등의 접수를 받는다. 필요에 따라 팁을 줄 것.

방을 청소하고 싶을 때
「Make up my room, please」라는 문구를 적어 문 밖에 걸어 둔다.

베이비 시터 (Baby Seater)
아이들을 맡길 수 있다.

입장권의 예약 · 구입
(스포츠, 연극 등) 인포메이션(미), 컨시어쥬(유럽)에게 부탁한다.

쇼핑

일본에서는 모든 물건을 정찰제로 판매한다. 따라서 가격으로 손님을 속이거나 하는 일은 거의 없다. 또한 일본은 중고제품 시장이 잘 형성되어 있어 조금만 알아본다면 원하는 물건을 거의 새것에 가까운 것으로 구입할 수 있을 것이다.

일본에서 전기·전자제품을 구입할 경우가 많은데 이런 제품들은 가게마다 가격이 천차만별이므로 미리 구입할 상품에 대한 가격이나 기타 정보를 알아보고 가는 것이 좋다. 어떤 경우에는 일본이 우리나라보다 더 비싼 경우도 있으므로 주의해서 구입해야 한다. 가장 좋은 방법은 발품을 팔아 여기저기 다녀보는 것이다.

① 상점 · 매장을 찾을 때

1. 이 근처에 백화점(면세점)이 있습니까?
この 近くに デパート（免税店）が ありますか。
코노 치카꾸니 데파-또(멘-제-텡-)가 아리마스까

2. 네, 바로 저기 있습니다.
はい、 すぐ そこです。
하이 스구 소꼬데스

3. 아니오, 이 근처에는 없습니다.
いいえ、 この辺には ありません。
이-에 코노헨-니와 아리마셍-

4. 사쿠라야(빅카메라)는 어디에 있습니까?
さくらや（ビッグカメラ）は どこに ありますか。
사쿠라야(빅-구카메라)와 도꼬니 아리마스까

5. 저 큰 빌딩 옆에 있습니다.
あの 大きいビルの となりに あります。
아노 오-끼이 비루노 토나리니 아리마스

6. 저는 잘 모릅니다, 다른 사람에게 물어보십시오.
私は よく 分かりません、ほかの 人に 聞いて
ください。
와따시와 요꾸 와까리마셍- 호까노 히또니 키-떼 쿠다사이

7. 저를 따라오십시오.
私に ついて きて ください。
와따시니 쯔이떼 키떼 쿠다사이

② 옷 사기

1. 어서 오십시오.
いらっしゃいませ。

2. 안녕하세요.
こんにちは。

3. 뭔가 찾고 계십니까?
何か お探しですか。

4. 좀 보고 있을 뿐입니다.
ちょっと 見るだけです。

5. 천천히 보십시오.
どうぞ ごゆっくり ご覧ください。

6. 추천하시는 것은 어느 것입니까?
どれが おすすめですか。

7. 다시 오겠습니다.
また 来ます。

8. 영업시간은 몇 시까지입니까?

営業時間は　何時までですか。

에-교-지깡-와 난-지마데데스까

9. 죄송합니다. 이것은 얼마입니까?

すみません。これは　いくらですか。

스미마셍- 코레와 이꾸라데스까

10. 12,000엔입니다.

12,000円です。

이찌만-니셍-엔-데스

11. 좀더 싼(큰/작은)것은 없습니까?

もっと　安い(大きい/小さい)のは　ありませんか。

못-또 야스이(오-끼이/치-사이)노와 아리마셍-까

12. 네, 잠시 기다려 주십시오.

はい、ちょっと　待って　ください。

하이 춋-또 맛-떼 쿠다사이

13. 저것을 보여주실 수 있습니까?

あれを　見せて　いただけますか。

아레오 미세떼 이타다케마스까

14. 이것은 어떻습니까?

これは　いかがですか。

코레와 이카가데스까

15. 이것(그것/저것)을 주십시오.

これ(それ/あれ)を　ください。

코레(소레/아레)을 주십시오.

16. 계산서를 주십시오.
レシート お願いします。
레시-또 오네가이시마스

17. 네, 잠시만 기다려 주십시오.
はい、少々 お待ちください。
하이 쇼-쇼- 오마찌 쿠다사이

18. 입어 봐도 됩니까? (윗옷)
着て みても いいですか。
키떼 미떼모 이-데스까

19. 입어(신어)봐도 됩니까? (신발, 바지 등)
はいて みても いいですか。
하이떼 미떼모 이-데스까

20. 딱 맞습니다.
ちょうど いいです。
쵸-도 이-데스

21. 너무 큽(작습)니다.
大き(小さ)すぎるんでます。
오-끼(치-사)스기룬-데스

22. 큰 사이즈도 있습니까?
大きいサイズも ありますか。
오-끼이 사이즈모 아리마스까

23. 조금 낍니다.
ちょっと きついです。
춋-또 키쯔이데스

24. 쇼윈도에 있는 것은 어느 것입니까?
ショーウィンドーに 出ているのは どれですか。
쇼-윈-도-니 데떼 이루노와 도레데스까

25. 다른 색은 없습니까?
他の 色は ありませんか。
호까노 이로와 아리마셍-까

26. 같은 것으로 큰(작은) 것은 없습니까?
同じもので もっと 大きい(小さい)のは ありませんか。
오나지 모노데 못-또 오-끼이(치-사이)노와 아리마셍-까

27. 사이즈는 얼마입니까?
サイズは おいくつですか。
사이즈와 오이꾸츠데스까

28. 사이즈를 잘 모르겠습니다만.
サイズが よく 分からないんですが。
사이즈가 요꾸 와까라나인-데스가

29. 좀더 화려(소박)한 것은 없습니까?
もっと 派手(地味)な ものは ありませんか。
못-또 하데(지미)나 모노와 아리마셍-까

30. 탈의실은 어디 있습니까?
試着室は どこですか。
시챠꾸시쯔와 도꼬데스까

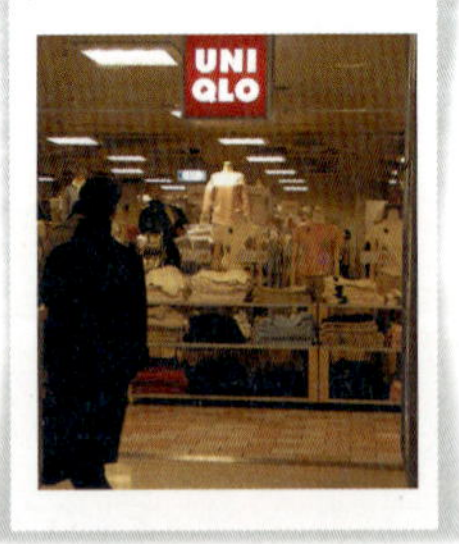

31. 넥타이를 보여주세요.
ネクタイを 見せて ください。
네쿠타이오 미세떼 쿠다사이

가죽	나일론	넥타이	레인코트
皮	ナイロン	ネクタイ	レインコート
카와	나이롱-	네쿠타이	레인-코-또
모자	바지	브래지어	블라우스
帽子	ズボン	ブラジャー	ブラウス
보-시	즈봉-	부라쟈-	브라우스
상의	셔츠	속옷	손수건
上着	シャツ	下着	ハンカチ
우와기	샤쯔	시타기	항-카치
스카프	스커트	스타킹	신사복
スカーフ	スカート	ストッキング	紳士服
스카-후	스카또	스톡-킹-구	신-시후꾸
아동복	양말	양복	울
子供服	靴下	スーツ	ウール
코도모-후꾸	쿠츠시타	스-츠	우-루
원피스	청바지	폴리에스테르	
ワンピース	ジーンズ	ポリエステル	
완-피-스	진-즈	포리에스테루	

업종별 업무 시간

Tip

	평일	토요일	일요일/경축일
은행	09:00부터 15:00	휴일	휴일
우체국	09:00부터 17:00	휴일	휴일
백화점	10:00부터 19:30	10:00부터 19:30	10:00부터 19:30
상점	10:00부터 20:00	10:00부터 20:00	10:00부터 20:00
박물관/미술관	10:00부터 17:00	10:00부터 17:00	10:00부터 17:00
일반사무실	09:00부터 17:00	휴일	휴일

*대부분의 미술관이나 박물관은 월요일이 휴관일이다.

1. 라디오카세트 있습니까?
ラジカセ ありますか。
라지카세 아리마스까

2. 카메라는 몇 층에 있습니까?
カメラは 何階に ありますか。
카메라와 난-가이니 아리마스까

3. 카메라는 2층(3층)에 있습니다.
カメラは 2階(3階)に ございます。
카메라와 니까이(상-가이)니 고자이마스

4. 충전도 됩니까?
充電も できますか。
쥬-뎀-모 데끼마스까

5. 이것은 일본제입니까?
これは 日本製ですか。
코레와 니혼-세-데스까

실용단어

카메라	필름	전지	라디오
カメラ 카메라	フィルム 휘루무	電池 덴-치	ラジオ 라지오
시계	이어폰	컴퓨터	비디오카메라
時計 토케-	イヤホン 이야홍-	パソコン 파소콩-	ビデオカメラ 비데오카메라
디지털카메라	라이터		
デジタルカメラ 데지타루카메라	ライター 라이타-		

④ 화장품사기

1. 샤넬(시세이도) 립스틱을 보여주세요.

シャネル（SHISEIDO）の リップスティックを みせて ください。

샤네루(시세-도)노 립-뿌스틱-꾸오 미세떼 쿠다사이

2. 찾으시는 색깔이 있으십니까?

お探しの 色が ありますか。

오사가시노 이로가 아리마스까

3. 가장 인기가 있는 것은 무엇입니까?

一番 人気の あるのは 何ですか。

이찌방- 닝-끼노 아루노와 난-데스까

4. 이것입니다.

これです。

코레데스

5. 좀더 밝은(빨간) 것은 없습니까?

もっと 明るい(赤い)のは ありませんか。

못-또 아카루이(아카이)노와 아리마셍-까

6. 이것과 같은 것이 있습니까?

これと 同じ ものが ありますか。

코레또 오나지 모노가 아리마스까

7. 저희 가게에는 없습니다.

うちには ございません。

우찌니와 고자이마셍-

8. 좀 더 싼 것은 없습니까?

もっと 安いのは ありませんか。

못-또 야스이노와 아리마셍-까

---

9. 향기를 맡아볼 수 있습니까?

においは どうですか。

니오이와 도-데스까

기름종이	립스틱	썬크림	매니큐어
油とり紙	口紅	日焼け止めクリーム	マニキュア
아부라토리가미	쿠찌베니	히야케도메쿠리-무	마니큐아
아이섀도	트윈케익	파운데이션	향수
アイシャドー	ツインケーキ	ファンデーション	香水
아이샤도-	츠잉-케-키	환-데-숑-	코-즈이
화장품			
化粧品			
케쇼-힝-			

⑤ 물건 값 깎기

1. 비쌉니다.
高いです。
타카이데스

2. 조금 싸게 해주실 수 없습니까?
少し まけて もらえませんか。
스꼬시 마케떼 모라에마셍-까

3. 좀 더 싸게 되지 않습니까?
もう ちょっと 安く なりませんか。
모-춋-또 야스꾸 나리마셍-까

4. 좀 더 싸게 해 주십시오.
もう 少し 安く して ください。
모- 스꼬시 야스꾸 시떼 쿠다사이

5. 정가판매이기 때문에 할인은 안 됩니다.
定価販売なので 値引きは できません。
테-까 함-바이나노데 네비끼와 데끼마셍-

6. 좀 더 싼 것은 없습니까?
もっと 安いのは ありませんか。
못-또 야스이노와 아리마셍-까

❻ 계산하기

1. 계산은 어디서 합니까?

会計は どこですか。

카이케-와 도꼬데스까

---

2. 저쪽 카운터를 이용하시기 바랍니다.

あちらの ほうの カウンターを 利用して ください。

아찌라노 호-노 카운타-오 리요-시떼 쿠다사이

---

3. 전부 얼마입니까?

全部で いくらですか。

젬-부데 이꾸라데스까

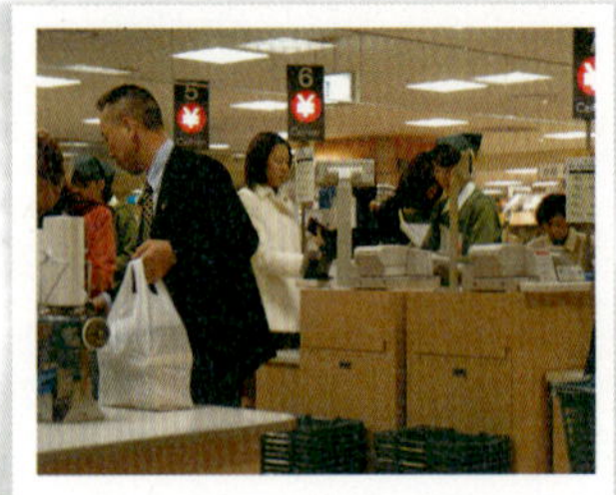

---

4. 1,520엔입니다.

1,520円です。

센-고햐꾸니쥬-엔-데스

---

5. 2,000엔 받았습니다.

2,000円 いただきました。

니셍-엔- 이타다끼마시따

---

6. 480엔 잔돈입니다.

480円の おかえしです。

욘-햐꾸하찌쥬-엔-노 오카에시데스

---

7. 정확하게 1,520엔 받았습니다.

1,520円 ちょうど お預かり いたしました。

센-고햐꾸니쥬-엔- 쵸-도 오아즈카리 이타시마시따

8. 매번 감사합니다.

每度 ありがとうございます。

마이도 아리가또-고자이마스

9. 영수증을 주십시오.

レシートを お願いします。

레시-토오 오네가이시마스

10. 카드(여행자수표)도 받습니까?

クレジット カード（トラベラーズチェック）でも
いいですか。

쿠레짓-또카-도（토라베라-즈첵-쿠）데모 이-데스까

11. 네, 가능합니다.

はい、けっこうです。

하이 켁-꼬-데스

일본에서 현재 사용되는 지폐 중에서 제일 큰 금액은 1만엔짜리이지만, 이 1만엔짜리의 지폐도 많이 사용되고 있으므로 굳이 적은 금액의 지폐나 동전으로 환전할 필요는 없다. 쇼핑 등을 한 후에 거스름돈을 받으면 소비세(5%)란 것이 있어 큰 금액으로 딱 맞아떨어지지 않는다. 따라서 1, 5, 10엔짜리도 실생활에서 많이 사용되는 살아있는 화폐이다. 일본에서의 여행을 마치고 돌아와서 일본의 동전을 다시 원화로 환전할 때에는 원래 환율의 50%정도밖에 계산해 주지 않으므로 여행 중 요령있게 돈을 사용해야 한다.

1. 이 옷 바꿔주실 수 있습니까?
この 服 交えて もらえますか。
코노 후꾸 카에떼 모라에마스까

2. 영수증은 가지고 있습니까?
レシートは 持って いますか。
레시-또와 못-떼 이마스까

3. 네, 가지고 있습니다.
はい、持って います。
하이 못-떼 이마스

4. 아니오, 가지고 있지 않습니다.
いいえ、持って いません。
이-에 못-떼 이마셍-

5. 영수증이 없으면 불가능합니다.
レシートが ないと できません。
레시-또가 나이또 데끼마셍-

6. 뭘로 하시겠습니까?
何に しますか。
나니니 시마스까

7. 사이즈를 바꾸고 싶습니다.
サイズを かえたいです。
사이즈오 카에타이데스

8. 한 사이즈 큰 것으로 부탁합니다.

一つ 大きいのを おねがいします。

히토쯔 오-끼-노오 오네가이시마스

9. 다른 색으로 바꿔 주십시오.

他の色に かえて ください。

호까노 이로니 카에떼 쿠다사이

10. 이 이상 큰 것은 없습니다.

これ以上 大きいのは ございません。

코레이죠- 오-끼-노와 고자이마셍-

11. 그럼, 환불해주십시오.

では、返金してください。

데와 헨-킹-시떼 쿠다사이

12. 네, 알겠습니다.

はい、分かりました。

하이 와까리마시따

13. 여기에 얼룩이 묻어 있습니다.

ここに しみが ついて います。

코코니 시미가 쯔이떼 이마스

14. 지퍼가 고장 나 있습니다.

チャックが 壊れています。

쨕-꾸가 코와레떼 이마스

15. 구멍이 뚫려 있습니다.

穴が あいて います。

아나가 아이떼 이마스

16. 교환이 가능한가요?

取り替えて もらえますか。

토리카에떼 모라에마스까

공중목욕탕	구두	목걸이	문방구
お銭湯 오센-토-	靴 쿠츠	ネックレス 넥-쿠레스	文房具屋 붐-보-구야
반지	샌들	서점	슈퍼마켓
指輪 유비와	サンダル 산-다루	本屋 홍-야	スーパー 스-파-
액세서리	완구점	장난감	제과점
アクセサリー 아쿠세사리-	おもちゃや 오모챠야	おもちゃ 오모챠	パン屋 빵-야
지갑	핸드백		
財布 사이후	ハンドバッグ 한-도박구		

여행자수표를 일본내 모든 가게에서 사용할 수 있는 것은 아니다. 백화점이나 면세점 등에서는 사용할 수 있지만, 일반가게에서는 대부분 사용할 수 없다. 엔화 여행자수표는 해외은행에서 교환할 수 있고, 반대로 신용카드는 광범위하게 쓰여지고 있다. 신용카드를 취급하는 상점이나 식당에서는 스티커 혹은 출입구에 어떤 카드를 취급하는지 알리는 표지를 부착하고 있다. 그리고 카드의 경우 외국에서 사용할 수 있는 카드는 제한되어 있으므로 출국 전 카드사를 통하여 확인하고 가도록 하자.

■ 시부야(澁谷) · 아사쿠사(淺草)

"시부야"는 JR 야마노테 선, 사이쿄 선, 도큐도요코 선, 덴엔도시 선, 게이오 이노가시라 선, 지하철 긴자 선, 한조몬 선이 집중하는 터미널로, "긴자", "신주쿠", "이케부쿠로", "아사쿠사"와 함께 도내 유수의 번화가이다.

이 거리는 거리와 지역별로 각각 다른 얼굴을 보여주는 것이 특징이다. 젊은층 상대의 패션상가, 패스트 푸드점, 게임센터 등이 밀집한 중심가는, 젊은이들의 유행 발신기지로 주목을 받고 있으며, 밤낮을 가리지 않고 10대를 중심으로 젊은이들이 항상 붐비고 있어, 일본 현대의 풍습을 피부로 느낄 수 있다.

"요요기 공원"으로 향하는 공원 거리는, 백화점과 쇼핑빌딩 등 대형점포가 들어서 있으며, 가족단위로 쇼핑을 즐기는 모습도 흔히 볼 수 있는 쇼핑가이다.

시부야 역 앞에는 우리 나라에도 소개된 충견 하찌공의 동상이 있다. 생각보다 그리 크지는 않지만 사람들이 많이 모이는 약속장소로 유명하다.

도쿄 도 "다이토 구", "스미다 강" 서안에 위치한 "아사쿠사"는, "센소 절 몬젠마치(신사나 절 앞에 발달한 시가지)"로 발전해 왔다. "센소 절"의 역사는 오래됐으며, 약 1370년 전 어부형제가 "스미다 강"에서 관음상을 발견하여 모신 것이 그 기원이라고 전해지고 있다. 「가미나리 문」이라고 씌어진 빨간색 큰 제등을 매단 '가미나리'

문이 이 지역의 상징이며, 일년 내내 참배객들의 발길이 끊이지 않는다.

"센소 절" 문앞에서 펼쳐지는 "나카미세 거리"는 쥘부채와 일본종이로 만든 소품 등, 일본의 전통적인 정취를 담은 물품을 취급하는 점포가 즐비하며, 외국 관광객들의 쇼핑 모습도 많이 볼 수 있는 거리이다. "아사쿠사"는 전통행사가 많이 열리는 곳으로도 유명하다.

"아사쿠사 신사"의 제례인 "산자 축제"는 옛날의 도쿄 중심가에 살던 사람들의 기질을 표현한 「에돗코 가타기(에도 사람들의 기질)」를 전해주는

"미코시(축제용 가마) 축제"로 유명하다. 그 밖의 축제로는 여름의 꽈리 시장, 초겨울에 열리는 "오토리 신사"의 "도리노이치(복을 부르는 갈퀴를 판매)", 연말의 "하고이타(설날의 놀이기구) 시장" 등이 있다. 그리고, 제일 인기 있는 것은 한 여름에 "스미다 강"에서 펼쳐지는 불꽃놀이로, 100만 명이 넘는 사람들로 성황을 이룬다.

식사

단기여행자들이 즐겨 이용하는 카레, 돈까스, 우동, 소바 등을 파는 가게들의 경우 대부분 식당 안쪽이나 바깥쪽에 설치된 식권자동판매기에서 식권을 구입하여 그 식권을 종업원에게 주면 주문이 끝난다. 특별한 주문사항이 없는 이상 이런 가게에서는 일본어를 사용할 기회가 별로 없다. 패스트푸드점의 경우에도 한국과 마찬가지로 종업원들이 손님들이 알아듣지 못할 정도로 여러 가지 말을 하지만 꿋꿋하게 'A세트 부탁합니다' 라는 말만 하고 상대방이 뭐라고 하던 입가에 잔잔한 미소만 머금은 채 잠자코 있으면 자신이 주문한 음식을 받을 수 있을 것이다.

① 음식점 찾기

1. 이 근처에 초밥집(돈까스집/우동가게)이 있습니까?
この　近くに　寿司屋(豚カツや/うどんや)が　あり
ますか。
코노 치카쿠니 스시야(통-카츠야/우동-야)가 아리마스까

2. 네, 바로 저기 있습니다.
はい、すぐ そこです。
하이 스구 소꼬데스

3. 아니오, 이 근처에는 없습니다.
いいえ、この辺には ありません。
이-에 코노헨-니와 아리마셍-

4. 맛있는 우동을 먹고 싶습니다.
美味しい うどんが 食べたいです。
오이시- 우동-가 타베타이데스

5. 조금 멀리 있습니다만 괜찮으시겠습니까?
ちょっと 遠いですが よろしいですか。
춋-또 토-이데스가 요로시-데스까

6. 네, 상관없습니다.
はい、かまいません。
하이 카마이마셍-

7. 예약을 해야 합니까?

予約が　必要ですか。

요야꾸가 히츠요-데스까

8. 주중에는 필요 없지만, 주말에는 예약을 해야 합니다.

平日には　いりませんが　週末には　予約が　必要です。

헤-지쯔니와 이리마셍-가 슈-마쯔니와 요야꾸가 히쯔요-데스

9. 전화로 예약할 수 있습니까?

電話で　予約が　できますか。

뎅-와데 요야꾸가 데끼마스까

10. 여기 예약을 위한 전화번호가 있습니다.

ここに　予約のための　電話番が　あります。

코코니 요야꾸노타메노 뎅-와방-고-가 아리마스

11. 어떤 코스가 있습니까?

どんな　コースが　ありますか。

돈-나 코-스가 아리마스까

12. 다른 가게는 없습니까?

ほかの　店は　ありませんか。

호까노 미세와 아리마셍-까

13. 어떤 음식을 드시고 싶으십니까?

どんな　料理が　食べたいですか。

돈-나 료-리가 타베타이데스까

14. 추천하고 싶은 음식이 있습니까?

おすすめの　料理が　ありますか。

오스스메노 료-리가 아리마스까

② 예약하기

1. 여보세요.
もしもし。
모시모시

---

2. 네, 동경초밥입니다.
はい、東京寿司で ございます。
하이 토-쿄-즈시데 고자이마스

---

3. 오늘밤 예약할 수 있습니까?
今夜の 予約できますか。
콩-야노 요야꾸데끼마스까

---

4. 네, (예약)받고 있습니다.
はい、うけたまわって おります。
하이 우케타마왓-떼 오리마스

---

5. 죄송합니다만, 오늘은 안됩니다.
申し訳ございませんが 今日は できません。
모-시와케 고자이마셍-가 쿄-와 데끼마셍-

---

6. 예약할 필요없습니다.
予約は いりません。
요야꾸와 이리마셍-

---

7. 몇 분이십니까?
何名さまですか。
낭-메-사마데스까

8. 두 명(한 명, 세 명)입니다.

二人（一人、三人）です。

후따리(히또리. 산-닝-)데스

9. 몇 시쯤 오십니까?

何時ごろ おいでに なりますか。

난-지고로 오이데니 나리마스까

10. 6시에 가겠습니다.

6時に 行きます。

로꾸지니 이끼마스

11. 시간이 정해지면 다시 전화드리겠습니다.

時間が 決まれば また 電話します。

지깡-가 키마레바 마따 뎅-와시마스

12. 네, 기다리겠습니다.

はい、お待ちして おります。

하이 오마찌시떼 오리마스

일본인의 예약문화

일본인들의 예약문화는 이미 습관화되어 어떤 일을 하든지 예약부터 하는 것이 기본처럼 되어 있다. 한 예로 여름휴가시 숙소나 비행기에 대한 예약을 6개월 전부터 하는 경우도 있다. 방법도 우리처럼 전화 한 통화로 간단히 하는 것이 아니라, 팩스 등을 이용하여 철저히 하고, 가급적 예약한 것에 대해서는 지키는 편이다. 이점이 우리와는 많이 다르다. 이렇듯 매사에 꼼꼼하게 준비하는 일본인들의 성격이 이런 철저한 예약문화를 만든다고 할 수 있겠다.

Tip

③ 음식점에서

1. 어서 오십시오.
いらっしゃいませ。
이랏-샤이마세

2. 식권을 구입하시기 바랍니다.
食券を お求めください。
속-켕-오 오모토메쿠다사이

3. 몇 분이십니까?
何名さまですか。
남-메-사마데스까

4. 예약하셨습니까?
ご予約なさいましたか。
고요야꾸나사이마시따까

5. 네, 했습니다.
はい、しました。
하이 시마시따

6. 죄송합니다만, 지금은 자리가 없습니다.
すみませんが 今は 満席で ございまして…
스미마셍-가 이마와 만-세끼데 고자이마시떼

7. 얼마나 기다려야 합니까?
どれぐらい 待ちますか。
도레구라이 마찌마스까

8. 10분 정도면 자리가 날 것 같습니다.
10分ぐらいなら 席が あきそうですが。
쥼-뿐-구라이나라 세끼가 아키소-데스가

9. 그러면 조금 기다리겠습니다.
それでは 少し 待って みます。
소레데와 스꼬시 맛-떼 미마스

10. 이쪽으로 오십시오.
どうぞ こちらへ。
도-조 코찌라에

11. 주문 정하시면 불러주십시오.
ご注文が お決まりでしたら お呼びください。
고츄-몽-가 오키마리데시따라 오요비쿠다사이

12. 저, 여기요. (종업원을 부를 때)
あの、すみません。
아노 스미마셍-

13. 네, 정하셨습니까?
はい、お決まりですか。
하이 오키마리데스까

14. 자루소바 정식과 카레우동 정식을 부탁합니다.
ざるそば定食と カレーうどん定食を お願いします。
자루소바테-쇼꾸또 카레-우돈-테-쇼꾸오 오네가이시마스

15. 주문 확인하겠습니다.
ご注文 ご確認いたします。
고츄-몽 고카쿠닝-이따시마스

16. 자루소바 정식이 하나, 카레우동 정식이 하나이시죠?

ざるそば定食が おーつで カレーうどん定食が おーつですね。

자루소바테-쇼꾸가 오히또쯔데 카레-우돈-테-쇼꾸가 오히또쯔데스네

17. 이것으로 (주문은) 되셨습니까?

これで よろしいでしょうか。

코레데 요로시-데쇼-까

18. 음료수는 뭘로 하시겠습니까?

お飲み物は 何に なさいますか。

오노미모노와 나니니 나사이마스까

19. 오렌지쥬스(콜라/물/맥주)를 주십시오.

オレンジジュース(コーラ/お水/ビール)を ください。

오렌-지쥬-스(코-라/오미즈/맥주)오 쿠다사이

20. 이 요리는 맵습니까?

この料理は からいですか。

코노 료-리와 카라이데스까

21. 어떻게 구워드릴까요?

焼き方は いかがいたしましょうか。

야끼카타와 이카가이타시마쇼-까

22. 레어(웰던/미디엄)으로 부탁합니다.

レア(ウェルダン/ミディアム)で お願いします。

레아(웨루단-/미디아무)데 오네가이시마스

돈까스	라면	메밀국수	냉모밀
トンカツ	ラーメン	そば	ざるそば
통-카쯔	라-멩-	소바	자루소바
소고기덮밥	돈까스덮밥	튀김덮밥	카레라이스
牛丼	カツ丼	天丼	カレーライス
규-동-	카쯔동-	텐-동-	카레-라이스
튀김우동	우동	우동가게	튀김
てんぷらうどん	うどん	うどんや	てんぷら
템-뿌라우동	우동-	우동-야	템-뿌라
음료수	물	커피	생맥주
お飲み物	お水	コーヒー	生ビール
오노미모노	오미즈	코-히-	나마비-루
밀크티	식권	지불	보통
ミルクティー	食券	お支払い	なみ
미루쿠티	숙-켕-	오시하라이	나미
곱배기	곱곱배기		
大盛り	特大盛り		
오-모리	토꾸오-모리		

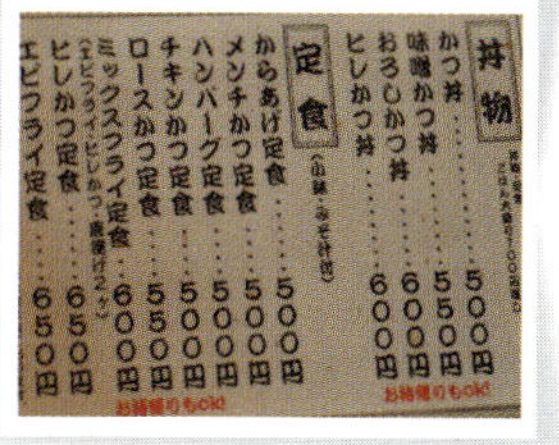

〈메뉴판〉

④ 패스트푸드점

1. 빅맥(치즈버거) 세트 하나 부탁합니다.

ビッグマック(チーズバーガー)　セット　1つ　お願いします。

빅-구 막-꾸(치-즈바-가-) 셋-또 히또쯔 오네가이시마스

---

2. 더블치즈버거 1개랑 콜라 L사이즈(M사이즈) 부탁합니다.

ダブルチーズバーガー　1つと　コーラの　エル(エム)　お願いします。

다부루치-즈바-가- 히또쯔또 코-라노 에루 오네가이시마스

---

3. 주문은 이것으로 되셨습니까?

ご注文は　これで　よろしいですか。

고츄-몽-와 코레데 요로시-데스까

---

4. 아이스크림을 추가해주시기 바랍니다.

アイスクリームを　追加して　ください。

아이스쿠리-무오 츠이까시떼 쿠다사이

---

5. 네, 알겠습니다.

はい、分かりました。

하이 와까리마시따

---

6. 카운터쪽에서 잠시만 기다려주시기 바랍니다.

カウンターのほうで　少々　お待ちください。

카운타-노 호-데 쇼-쇼- 오마찌 쿠다사이

7. 아이스 카페라테에 설탕을 넣으십니까?

アイスカフェラテのほうに　ガムシロップは　おかけですか。

아이스카훼라떼노 호-니 가무시롭-뿌와 오카케데스까

8. 함께 계산해 드릴까요?

ごいっしょで　よろしいですか。

고잇-쇼데 요로시-데스까

9. 아니오, 따로따로 해 주십시오.

いいえ、別々に　して　ください。

이-에 베쯔베쯔니 시떼 쿠다사이

10. (상품사진을 가리키며) 이것 주십시오.

これ　お願いします。

코레 오네가이시마스

⑤ 술집・커피숍에서

1. 어서 오십시오.
いらっしゃいませ。
이랏-샤이마세

2. 뭘로 하시겠습니까?
何に なさいますか。
나니니 나사이마스까

3. 밀크티(홍차) 부탁합니다.
ミルクティー(紅茶) お願いします。
미루쿠타-(코-차) 오네가이시마스

4. 맥주(소주) 부탁합니다.
ビール(焼酎) お願いします。
비-루(쇼-츄-) 오네가이시마스

5. 위스키 미즈와리 주십시오.
ウィスキーの水割りを ください。
위스키-노 미즈와리오 쿠다사이

6. 자, 건배합시다.
さあ、乾杯しましょう。
사- 캄빠이시마쇼-

7. 재떨이를 바꿔주십시오.
灰皿を 取り替えて ください。
하이자라오 토리카에떼 쿠다사이

건배	일본 전통주	샴페인	소주
乾杯	日本酒	そば	焼酎
캄-빠이	니혼슈	샴-판-	쇼-츄-
술	우롱차주	재떨이	취하다
お酒	ウーロンハイ	灰皿	酔う
오사케	우-론-하이	하이자라	요우
탄산주	포도주	맥주	담배
チューハイ	ワイン	ビール	タバコ
츄-하이	와인-	비-루	타바코

일본의 술문화

일본의 술집에서 술을 한 잔 마시려면 비용이 상당히 나온다는 것은 일단 각오해야 한다. 또한 한국처럼 안주가 푸짐하게 나오는 곳이 거의 없고, 한국의 기본안주보다 조금 더 나오는 정도라고 생각하면 마음이 편할 것이다. 일본인과 술을 마실 경우는 일본에서도 술을 상대방에게 따라 주는 행동으로 호의를 나타낼 수 있으나, 한국과는 달리 술을 다 마시기 전에 첨잔을 하는 것이 예의에 맞는 행동이다. 만약 그 일본인이 술잔을 다 비울 때까지 술을 안 따라 준다면 예의가 없는 사람이거나 일본 풍습을 잘 모르는 외국인이라고 생각하게 될 것이다.

⑥ 회전초밥집에서

1. 이 근처에 회전초밥집이 있습니까?
この 近くに 回転寿司が ありますか。
코노 치카꾸니 카이텐-즈시가 아리마스까

2. 네, 저 건물에 있습니다.
はい、あの 建物の 中に あります。
하이 아노 타테모노노 나까니 아리마스

3. 아니오, 이 근처에는 없습니다.
いいえ、この 近くには ありません。
이-에 코노 치카쿠니와 아리마셍-

4. 어서 오십시오.
いらっしゃいませ。
이랏-샤이마세

5. 몇 분이십니까?
何名さまですか。
남-메-사마데스까

6. 두 명(한 명/세 명)입니다.
二人(一人/三人)です。
후따리(히또리/산-닝-)데스

7. 이쪽으로 오십시오.
こちらの ほうに どうぞ。
코찌라노 호-니 도-조

8. 된장국은 서비스입니다.
味噌汁は サービスです。
미소시루와 사-비스데스

---

9. 음료수는 뭘로 하시겠습니까?
飲み物は なにに なさいますか。
노미모노와 나니니 나사이마스까

---

10. 물(맥주/쥬스) 부탁합니다.
お水（ビール/ジュース） お願いします。
오미즈（비-루/쥬-스） 오네가이시마스

---

11. 네, 알겠습니다.
はい、かしこまりました。
하이 카시코마리마시따

---

12. 뭘 만들어드릴까요?
何を にぎりましょうか。
나니오 니기리마쇼-까

---

13. 새우(도미/광어) 부탁합니다.
えび（たい/ひらめ） お願いします。
에비（타이/히라메） 오네가이시마스

---

14. 이것은 무엇입니까?
これは 何ですか。
코레와 난-데스까

---

15. 다랑어(방어/오이초밥)입니다.
まぐろ（ぶり/かっぱ巻き）で ございます。
마구로（부리/캅-빠마끼）데 고자이마스

16. 계산 부탁드립니다.

お会計を　お願いします。

오카이케-오 오네가이시마스

17. 함께 계산해 드릴까요?

ごいっしょで　よろしいですか。

고잇-쇼데 요로시-데스까

18. 네, 부탁드립니다.

はい、お願いします。

하이 오네가이시마스

19. 아니오, 따로따로 해주십시오.

いいえ、別々に　して　ください。

이-에 베쯔베쯔니 시테 쿠다사이

20. 지불은 카운터에서 부탁합니다.

お支払いは　カウンターのほうで　お願いします。

오시하라이와 카운타-노 호-데 오네가이시마스

실용단어

광어	다랑어	도미	된장국
ひらめ 히라메	まぐろ 마구로	たい 타이	味噌汁 미소시루
방어	초밥	초밥집	새우
ぶり 부리	寿司 스시	寿司屋 스시야	えび 에비
오이초밥	회	회전초밥집	
かっぱ巻き 칸-빠마끼	刺身 사시미	回転寿司屋 카이텐-스시야	

7 계산하기

1. 함께 계산해 드릴까요?
ごいっしょで よろしいですか。
고잇-쇼데 요로시-데스까

2. 네, 부탁드립니다.
はい、お願いします。
하이 오네가이시마스

3. 아니오, 따로따로 해주십시오.
いいえ、別々に して ください。
이-에 베쯔베쯔니 시테 쿠다사이

4. 카드(여행자수표)도 되나요?
クレジット カード(トラベラーズチェック)で い
いですか。
쿠레짓-또카-도〈토라베라-즈 첵-쿠〉데 이-데스까

5. 여행자수표로는 지불할 수 없습니다.
トラベラーズチェックでは 支払えません。
토라베라-즈 첵-쿠데와 시하라에마셍-

6. 현금이나 카드로 지불할 수 있습니다.
現金か カードで 支払えます。
겡-낑-까 카-도데 시하라에마스

7. 현금으로 하겠습니다.
現金に します。
겡-낀-니 시마스

8 불만

1. 요리가 아직 안 나왔습니다.
料理が まだ 出ません。
료-리가 마다 데마셍-

2. 잠시만 더 기다려주십시오.
もう 少し お待ちください。
모-스꼬시 오마찌쿠다사이

3. 많이 기다리셨습니다.
お待たせ致しました。
오마타세이타시마시따

4. 음식 맛이 조금 이상합니다.
味が ちょっと おかしいです。
아지가 춋-또 오카시-데스

5. 이 요리는 주문하지 않았습니다.
この 料理は 注文してませんが。
코노 료-리와 쥬-몬-시떼마셍-가

6. 이건 일본어로 뭐라고 합니까?
これ、日本語で 何と いいますか。
코레 니홍-고데 난-또 이-마스까

7. 숟가락(젓가락) 주십시오.
スプーン（おはし）お願いします。
스푼-(오하시) 오네가이시마스

■오사카(大阪)

500년의 역사를 지닌 오사카는 동경에 이어 일본에서 두 번째로 큰 도시이다.

"오사카 성"은 천하를 통일한 16세기 후반의 무장 "도요토미 히데요시"와 관련된 성이다. 천수각의 내부는 1층에서 7층까지가 당시의 무기와 갑옷, 민속자료를 전시한 역사 자료관이며, 8층은 전망대가 설치되어 있다. 구내에는 약 6만 평방미터의 잔디공원이 있으며, 특히 봄에 벚꽃이 피는 시기에는 꽃구경하는 사람들로 붐빈다. 주변에는 "오사카"의 문화와 역사를 소개하는 "오사카 시립 박물관"과 "도요쿠니 신사", 최대 1만6천명을 수용할 수 있는 규모의 "오사카 성 홀" 등이 있다. 또한 성의 주변에는 수로가 발달해 있어, 약 1 시간이면 시내의 강을 순회할 수 있는 수상 버스도 운행되고 있다.

"오사카 시 기타 구"의 "우메다"는 "오사카"의 기점이라 할 수 있는 "오사카 역"을 비롯하여, "한큐 선", "한신 선", 지하철 세 선의 전차가 집중된 대규모 터미널이다. 주변에는 백화점과 섬유 도매점가의 재개발로 탄생한 고층 빌딩이 늘어서 있으며, 오피스, 은행, 호텔 등이 집중된 "오사카" 경제의 중심지이다. "난바", "신사이바시"를 중심으로 한 「미나미」에 반해, "우메다"는 「기타」라고 불리며, 하루 종일 사람의 왕래가 끊이질 않는 대규모 쇼핑 지역이다.

지하상가로서 일본 제일의 규모를 자랑하는 "우메다 지하상가"는 찻집, 레스토랑을 비롯하여 서양의류, 잡화, 식료품 등의 가게가 즐비하며, 모자이크로 장식된 바닥의 분수가 아름다운 「샘의 광장」을 중심으로 그 자체가 하나의 도시를 연상시킨다.

"우메다"의 신명소로 헥프파이브 대관람차가 있다. 9층 빌딩의 옥상에 만들어진 관람차는 밤에는 조명으로 밝혀진 모습을 보여주며, 오사카의 야경을 바라볼 수 있다.

"신사이바시"는 오사카 제일의 쇼핑지역으로 수많은 부티끄와 전문점이 모여 있어, 항상 많은 시민들과 관광객들로 붐비고 있다. "신사이바시"는 "신사이바시스지 상점가"라고 하는 아케이드가를 중심으로 발전해 왔다. 이곳에는 대형백화점과 노점, 서민적인 상점들이 길게 들어서 있다. 돌 블록 보도에 영국풍의 가로등과 벽돌로 지어진 건물들이 늘어선 "스오우마치 거리"는 엘레강스한 분위기 때문에 이 일대는 "유럽촌"이라고도 불린다.

"신사이바시" 서쪽 부분은 "아메리카촌"이라고 불리며, 개성적인 일러스트가 페인트로 그려져 있는 벽은 그곳의 심벌이다. "아메리카촌"에는 유행에 민감한 젊은이들 취향의 캐쥬얼한 상점들이 많이 모여 있어, "유럽촌"과는 대조적인 분위기이다.

▲ 오사카 성에서 내려다 본 전경

관광

일본이나 외국 여행을 할 때 시간적인 여유가 별로 없는 경우가 대부분일 것이다. 일주일 혹은 이주일 정도 아니면 짧게는 이틀 동안 무엇을 먼저 봐야 할지 참 고민될 것이다. 일단 기간이 정해지면 그 기간 동안 너무 무리하지 말고 자신이 가장 관심이 있는 한가지만 보고 온다는 마음으로 조금 여유있게 일정을 잡을 수 있도록 한다. 또 한 가지 미리 인터넷이나 여행책자 등을 충분히 읽어본 후 기초지식을 쌓아둔다면 비록 짧은 기간이라 할지라도 알찬 여행이 될 것이다.

① 관광 안내소

1. 이 근처의 관광지도(교통노선도) 있습니까?

この辺の 観光地図(交通路線図) ありますか。

코노 헨-노 캉-코-치즈(코-츠-로센-즈) 아리마스까

2. 시내관광버스가 있습니까?

市内観光バスが ありますか。

시나이캉-코-바스가 아리마스까

3. 하토버스를 추천해 드립니다.

はとバスが おすすめです。

하토바스가 오스스메데스

4. 스케쥴은 여러 가지가 있습니다.

スケジュールは いろいろ あります。

스케쥬-루와 이로이로 아리마스

5. 고객의 예산과 목적에 맞는 것을 골라주십시오.

お客さまの 予算や 目的に あうのを 選んで ください。

오카꾸사마노 요산-야 모꾸테끼니 아우노오 에란-데 쿠다사이

6. 어디에서 출발합니까?

どこで 出発しますか。

도꼬데 슙-빠쯔시마스까

7. 도쿄역과 신주꾸역 등에서 매시간마다 출발합니다.

東京駅や 新宿駅 などで 1時間ごとに 出発します。

토-꾜-에끼야 신-쥬꾸에끼 나도데 이찌키깐- 고또니 슙-빠쯔시마스

8. 지금 예약할 수 있나요?

今 予約が できますか。

이마 요야꾸가 데끼마스까

---

9. 네, 언제로 하시겠습니까?

はい、いつに しますか。

하이 이츠니 시마스까

---

10. 내일 오후 1시에 출발하는 것으로 부탁합니다.

明日 午後1時に 出発するのを お願いします。

아시따 고고 이찌지니 슙-빠쯔스루노오 오네가이시마스

실용단어

가이드	관광지도	교통노선도	관광버스
ガイドさん	観光地図	交通路線図	観光バス
가이도상-	캉-코-치즈	코-츠-로센-즈	캉-코-바스
당일치기	스케줄	정오	오전
日帰り	スケジュール	正午	午前
히가에리	스케쥬-루	쇼-고	고젱-
오후			
午後			
고고			

1. 요요기 공원은 어느 쪽입니까?
代々木公園は どちらでしょうか。
요요기코-엥-와 도찌라데쇼-까

2. 이 길을 따라 가면 오른(왼)쪽에 있습니다.
この 道を まっすぐ 行くと 右(左)側に あります。
코노 미찌오 맛-스구 이꾸또 미기(히다리)가와니 아리마스

3. 잘 모르겠습니다.
よく わかりません。
요꾸 와까리마셍-

4. 입장료는 얼마입니까?
入場料は おいくらですか。
뉴-죠-료-와 오이꾸라데스까

5. 필요없습니다.
いりません。
이리마셍-

6. 어른(학생/어린이)은 500엔입니다.
大人(学生/子ども)は 500円です。
오토나(각-세-/코도모)와 고햐꾸엔-데스

7. 코인로커는 어디에 있습니까?
コインロッカーは どこに ありますか。
코인-록-카-와 도꼬니 아리마스까

8. 팸플릿이 있습니까?

パンフレットが ありますか。

판-후렛-또가 아리마스까

9. 한국어로 된것은 없습니까?

韓国語のは ありませんか。

캉-코꾸고노와 아리마셍-까

10. 일본어와 영어로 된 것밖에 없습니다.

日本語と 英語の ものしか ございません。

니홍-고또 에-고노 모노시까 고자이마셍-

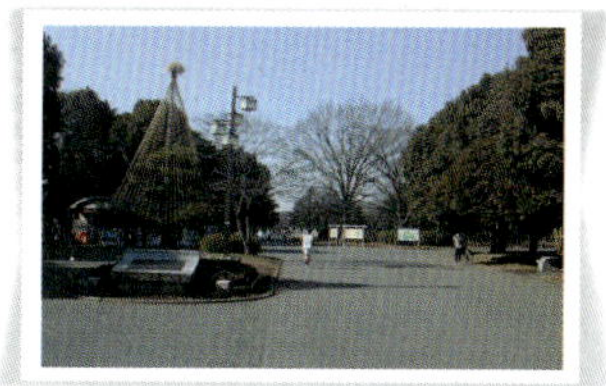

〈요요기 공원〉

실용단어

공원	박물관	신사	어른
公園	博物館	神社	大人
코-엥-	하쿠부츠캉-	진-쟈	오토나
어린이	온천	입구	절
子ども	温泉	入り口	お寺
코도모	온-셍-	이리구찌	오테라
출구	팸플릿		
出口	パンフレット		
데구찌	판-후렛-또		

1. 한국어를 할 수 있는 가이드를 부탁합니다.
韓国語のできる ガイドさんを たのみたいです。
캉-코쿠고노 데끼루 가이도상-오 타노미타이데스

2. 화장실(선물가게)은 어디에 있습니까?
トイレ（お土産の店）は どこに ありますか。
토이레(오미야게노미세)와 도꼬니 아리마스까

3. 이곳의 그림엽서가 있습니까?
ここの 絵ハガキが ありますか。
코코노 에하가끼가 아리마스까

4. 이곳에서 사진을 찍어도 됩니까?
ここで 写真を とっても いいですか。
코코데 샤싱-오 톳-떼모 이-데스까

5. 죄송합니다. 이곳은 촬영금지입니다.
すみません。ここは 撮影禁止です。
스미마셍- 코코와 사쯔에-킨-시데스

6. 죄송합니다만, 사진 좀 찍어주시겠습니까?
すみませんが、写真を 撮って もらえますか。
스미마셍-가 샤싱-오 톳-떼 모라에마스까

7. 찍겠습니다.
いきますよ。
이키마스요

8. 감사합니다.
ありがとうございます。

9. 이 전시회는 무료입니까?
この 展示会は 無料ですか。
코노 텐-지까이와 무료-데스까

10. 네, 무료입니다.
はい、無料です。
하이 무료-데스

11. 아니오, 유료입니다.
いいえ，有料です。
이-에 유-료-데스

실용단어

사진	선물가게	촬영금지	코인로커
写真 샤싱-	お土産の店 오미야게노미세	撮影禁止 사쯔에-킨-시	コインロッカー 코인-록카
화장실	매표소	매점	자판기
トイレ 토이레	切符売り場 킵-뿌우리바	売店 바이텡-	自販機 지항-끼

긴급 전화번호

- 경찰서 110
- 소방서&구급차 119
- 전화번호안내 104

일본내의 주요 한국기관

한국대사관(동경)   (03) 3452-7611~9

대한민국 총영사관

- 동경 03-3455-2601~4
- 히로시마 082-502-1151~3
- 삿포로 011-621-0288~9
- 후쿠오카 092-771-0461~3
- 나고야 052-586-9221~3
- 오사카 06-6213-1401~10
- 고베 078-221-4853~5
- 니이가타 025-230-3400,3411
- 요코하마 045-621-4531~3
- 센다이 022-221-2751~3

한국관광공사(KNTO)

- 동경 03-3580-3941
- 후쿠오카 092-471-7174
- 나고야 052-933-6550
- 오사카 06-6266-0847
- 삿포로 011-210-8081~1
- 센다이 022-11-5991

한국 항공사 일본지점

대한항공

- 서울 02-656-2001
- 오사카 06-6263-8881
- 동경 03-5443-3311
- 후쿠오카 092-441-3341

아시아나 항공

- 서울 02-669-8000
- 오사카 06-6229-1230
- 동경 03-5572-7652
- 나고야 052-222-7799

편의시설 이용

우체국 시스템은 한국과 거의 비슷하지만, 요금은 한국보다 조금 비싸다. 엽서는 60엔, 일반적인 편지는 25g까지 90엔이다.
일본에서 사용되는 공중전화는 모두 3종류가 있다. 10엔과 100엔 동전을 이용하거나 공중전화카드를 구입하여 사용할 수 있다. 다만, 국제전화를 하기 위해서는 국제전화용 전용카드를 구입하여 국제전화가 가능한 공중전화에서만 이용할 수 있다.

① 우체국

1. 이 엽서(편지)를 한국으로 보내고 싶습니다 .
この ハガキ(手紙)を 韓国に 送りたいです。
코노 하가끼(테가미)오 캉-코꾸니 오쿠리타이데스

2. 우체국 앞 우체통에 넣어주시기 바랍니다.
郵便局の前の ポストに 入れてください。
유-빙-교꾸노 마에노 포스토니 이레떼 쿠다사이

3. 네, 알겠습니다.
はい、分かりました。
하이 와까리마시따

4. 280엔입니다. 우표를 사기 바랍니다.
280円です。切手を 買ってください。
니햐꾸하찌쥬-엔-데스 킷-떼오 캇-떼 쿠다사이

5. 우표는 어디서 살 수 있습니까?
切手はどこで 買えますか。
킷-떼와 도꼬데 카에마스까

6. 저곳에서 살 수 있습니다.
あそこで 買えます。
아소꼬데 카에마스

7. 280엔짜리 우표를 주십시오.
280円の 切手 お願いします。
니햐꾸하찌쥬-엔-노 킷-떼 오네가이시마스

8. 얼마나 걸립니까?

どれ ぐらい かかりますか。

도레구라이 카카리마스까

9. 항공편은 일주일, 선편은 20일 정도 걸립니다.

航空便は 一週間、船便は 20日 ぐらい かかります。

코-쿠-빙-와 잇-슈-캉-. 후나빙-와 하츠까구라이 카카리마스

10. 항공편은 얼마입니까?

航空便は いくらですか。

코-쿠-빙-와 이꾸라데스까

등기	봉투	선편	소포
書き留め 카키토메	封筒 후-토-	船便 후나빙-	小包 코즈츠미
우체국	우체통	항공편	우표
郵便局 유-빙-쿄꾸	ポスト 포스토	航空便 코-쿠-빙-	切手 킷-떼

우편

일본에서 한국으로 엽서를 보낼 경우 가격은 70엔이며, 편지는 10g까지 90엔이다. 소포는 가격이 비싸기도 하고, 세관에서 검사를 위해 뜯어보는 경우도 있으므로 조심하도록 한다.
우체국 업무시간은 오전 9시부터 오후 5시까지이다. 큰 우체국의 경우 밤7시까지 토요일 오전에도 업무를 하는 곳도 있다. 한국으로 보내는 우편물의 가격은 다음과 같다.

- 엽서 - 70엔
- 편지 - 20g까지 90엔
- 항공서간 - 90엔
- 연하장 등의 카드 25g까지 - 90엔
- 소포 - 0.5kg까지 1,700엔
- 국제특급우편(EMS) - 300g까지 900엔

1. 은행은 몇 시부터 몇 시까지입니까?
銀行は　何時から　何時までですか。
강-꼬-와 난-지까라 난-지마데데스까

2. 평일은 10시부터 오후 3시까지입니다.
平日は　10時　~　午後3時までです。
헤-지쯔와 쥬-지까라 고고산-지마데데스

3. 여행자수표를 현금으로 바꾸고 싶습니다.
トラベラーズチェックを　現金に　したいです。
토라베라-즈첵-쿠오 겡-킨-니 시타이데스

4. 여권을 가지고 계십니까?
パスポートを　お持ちですか。
파스포-또오 오모찌데스까

5. 만엔권으로 부탁합니다.
1万円札で　お願いします。
이찌망-엔-사쯔데 오네가이시마스

6. 여기에 사인을 부탁합니다.
ここに　サインを　お願いします。
코코니 사잉-오 오네가이시마스

7. 환전창구는 어디입니까?
両替の　窓口は　どこですか。
료-가에노 마도구찌와 도꼬데스까

8. 3번 창구입니다.

3番の窓口です。

삼-반-노 마도구찌데스

---

9. 엔으로 바꿔 주세요.

円に 替えて ください。

엔-니 카에떼 쿠다사이

---

10. 한국의 원을 엔으로 바꿔주세요.

韓国の ウォンを 円に かえて ください。

캉-쿄쿠노 웡-오 엔-니 카에떼 쿠다사이

---

11. 그 서비스는 제공하지 않습니다.

その サービスは 提供して おりません。

소노 사-비스와 테-쿄-시떼 오리마셍-

❸ 전화

1. 이 근처에 공중전화가 있습니까?
この 近くに 電話ボックスが ありますか。
코노 치카꾸니 뎅-와복-스가 아리마스까

2. 이것으로 국제전화를 걸 수 있습니까?
これで 国際電話が かけられますか。
코레데 콕-사이뎅-와가 카케라레마스까

3. 네, 걸 수 있습니다.
はい、かけられます。
하이 카케라레마스

4. 아니오, 걸 수 없습니다.
いいえ、かけられません。
이-에 카케라레마셍-

5. 걸 수 있는 공중전화는 어디 있습니까?
かけられるのは どこに ありますか。
카케라레루노와 도꼬니 아리마스까

6. 저 역 구내에 있습니다 .
あの 駅の 構内に あります。
아노 에끼노 코-나이니 아리마스

7. 동전을 사용할 수 있습니까?
硬貨は 使えますか。
코-카와 쯔카에마스까

8. 동전은 사용할 수 없습니다.
硬貨は　使えません。
코-카와 쯔카에마셍-

---

9. 국제전화용 카드만 사용할 수 있습니다.
国際電話用の　カードしか　使えません。
콕-사이뎅-와요-노 카-도시까 쯔카에마셍-

---

10. 그 카드는 어디서 살 수 있습니까?
その　カードは　どこで　買えますか。
소노 카-도와 도꼬데 카에마스까

---

11. 공중전화박스 옆에 있습니다.
電話ボックスの　となりに　あります。
뎅-와복-스노 토나리니 아리마스

공중전화	공중전화박스	공중전화카드	국제전화
公衆電話 코-슈-뎅-와	電話ボックス 뎅-와복-스	テレホンカード 테레혼-카도	国際電話 콕-사이뎅-와
내선번호	동전	전화	전화번호
内線番号 나이센-방-고-	硬貨 코-카	電話 뎅-와	電話番号 뎅-와방-고-
전화번호부	지역번호	콜렉트콜	팩스
電話帳 뎅-와초-	地域番号 치이키방-고-	コレクトコール 코레쿠토코-루	ファックス 확-쿠스

④ 인터넷카페

1. 이 근처에 인터넷카페가 있습니까?
この 近くに インターネットカフェが ありますか。
코노 치카꾸니 인-타-넷-또까훼가 아리마스까

2. 저 건물에 있습니다.
あの ビルの 中に あります。
아노 비루노 나까니 아리마스

3. 어서 오십시오.
いらっしゃいませ。
이랏-샤이마세

4. 이용요금이 어떻게 됩니까?
利用料金は どう なりますか。
리요-료-킹-와 도-나리마스까

5. 10분당 100엔입니다.
10分あたり 100円で ございます。
즙-뿐-아타리 햐꾸엔-데 고자이마스

6. 패키지요금도 있습니까?
パッケージ料金も ありますか。
팍-케-지료-킴-모 아리마스까

7. 저희가게에서는 서비스되지 않습니다.
当店では サービスして おりません。
토-텐-데와 사-비스시떼 오리마셍-

○ 국내전화를 거는 법

일본의 전화번호는 3개의 번호로 구성되어 있다. 지역번호를 누르고 국번, 가입자번호 순으로 입력하면 된다. 국내 동일지역일 경우 1분에 10엔이지만, 한국처럼 100엔을 넣더라도 잔돈은 나오지 않으므로 주의하자.
예) 00(지역번호) + 123 (국번) + 4567 (가입자번호)

주요도시의 지역번호

도시	지역번호	도시	지역번호
고베(神戶)	078	사이타마(埼玉)	048
교토(京都)	075	삿포로(札幌)	011
나고야(名古屋)	052	센다이(仙台)	022
나라(奈良)	0742	오사카(大阪)	06
나리타(成田)	0476	오이타(大分)	0975
나하(那覇)	098	요코하마(横浜)	045
니이가타(新潟)	025	지바(千葉)	043
도쿄(東京)	03	하코네(箱根)	0460
벳부(別府)	0977	히로시마(廣島)	082

○ 국제전화를 거는 방법

「International and Domestic Telephone(국제 국내전화)」라고 적힌 전화기의 경우 국제전화 전용카드를 구입하면 사용할 수 있다.(동전은 사용할 수 없다.)

국제전화식별번호(001, 002 등) + 국가번호 (한국 82) + 지역번호 혹은 휴대전화식별번호(앞부분의 0은 제외) + 전화번호 순으로 입력하면 된다.

예) 001을 이용하여 한국으로 서울지역 123-4567번으로 전화를 할 경우

    001 + 82 + 2 + 1234567

※ "国際電話" 또는 "International" 이라고 표시되어 있는 회색공중전화기도 국제전화가 가능하며, 기본 요금은 100엔이다.

전화기에 따른 사용법

전화기색상	사용가능 여부	국제전화가능 여부
녹색	동전(10엔, 50엔, 100엔), 일반공중전화카드	불가능
회색	동전(10엔, 50엔, 100엔), 일반공중전화카드	불가능
오렌지색	공중전화용IC카드	가능

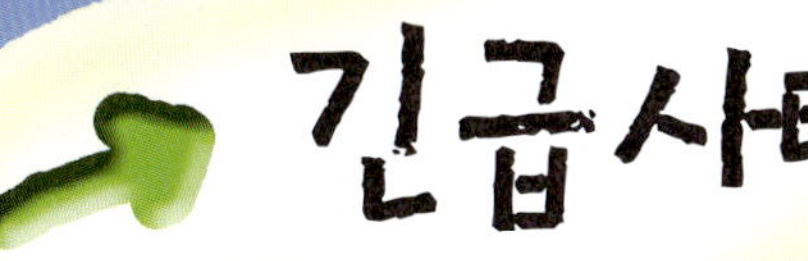

긴급사태

일본의 치안은 세계적으로 알아줄 정도로 안전하다고 할 수 있다.
하지만 만약 무슨 일이 생긴다면 곧바로 경찰의 도움을 구하는 것이
좋다.

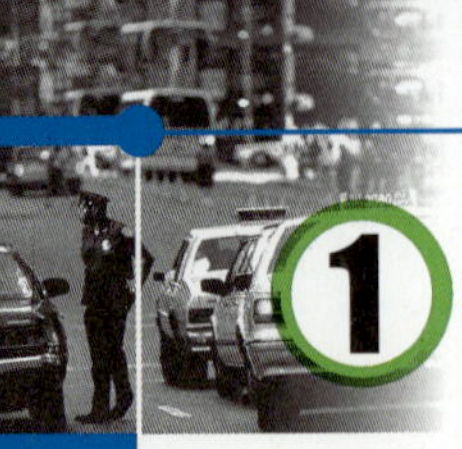

① 분실·도난

1. 여기 있던 가방 못 보셨습니까?
ここに あった かばん 見ませんでしたか。
코코니 앗-따 카방- 미마셍-데시따까

2. 이 근처에 파출소가 있습니까?
この 近くに 交番が ありますか。
코노 치카쿠니 코-방-가 아리마스까

3. 똑바로 가셔서 두 번째 교차로에서 오른쪽으로 가세요.
まっすぐ 行って 2番目の 交差点で 右に 曲がって ください。
맛-스구 잇-떼 니방-메노 코-사텐-데 미기니 마갓-떼 쿠다사이

4. 이 근처에는 없습니다.
この 辺には ありません。
코노 헨-니와 아리마셍

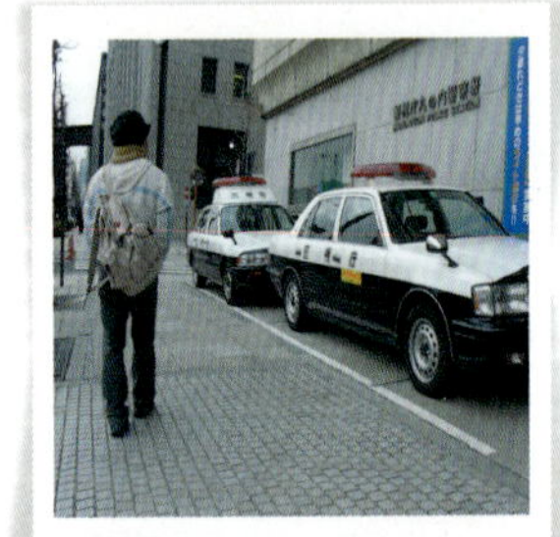

5. 가방을 잃어버렸습니다.
かばんを なくしました。
카방-오 나꾸시마시따

6. 어디에서 잃어버렸습니까?
どこで なくしましたか。
도꼬데 나꾸시마시따까

7. 어딘지 기억이 안 납니다.
どこだったか 覚えて いません。
도꼬닷-따까 오보에떼 이마셍-

8. 미쯔코시백화점 앞에서 잃어버렸습니다.

三越デパートの まえで なくしました。

미쯔코시데파-또노 마에데 나꾸시마시따

9. 가방의 특징이 있습니까?

かばんの 特徴は 何ですか。

카반-노 토쿠쵸-와 난-데스까

10. 안에는 무엇이 들어있습니까?

中には 何が 入って いますか。

나까니와 나니가 하잇-떼 이마스까

11. 일상용품들과 음식물이 들어있습니다.

身の回りの ものと 食べ物が 入って います。

미노마와리노 모노또 타베모노가 하잇-떼 이마스

12. 찾는 대로 연락을 드릴테니 연락처를 남겨주시기 바랍니다.

見つかりしだい 連絡しますので 連絡先を 残して ください。

미쯔까리시다이 렌-라꾸시마스노데 렌-라꾸사끼오 노코시떼 쿠다사이

13. 네, 팔레스호텔 512호실에 묵고 있습니다.

はい、パレスホテルの 512号室に 泊まって います。

하이 파레스호테루노 고이찌니고-시쯔니 토맛-떼 이마스

14. 프론트에 메모 남겨주시기 바랍니다.

フロントのほうに メモを 残して ください。

후론-또노 호-니 메모오 노코시떼 쿠다사이

15. 잘 부탁드립니다.

よろしく お願い致します。

요로시꾸 오네가이이따시마스

● **여권 분실**

여권 분실은 여행 중단을 의미한다. 여권을 재발행하기까지는 절차가 복잡하고 신분 확인을 하기 위해서 2~3일이라는 기간이 소요되기 때문이다. 일단 여권을 분실하게 되면 가까운 경찰서로 가서 분실신고를 한 후 증명확인서를 발급 받는다. 그 다음 한국 총영사관에 가서 여행자 증명서를 발급 받는다. 이때 필요한 것은 사진과 여권 분실 증명서, 여권번호와 발행 년 월일이다. 따라서 여행시에는 사진을 여분으로 따로 준비하고 여권번호와 발행 년 월일은 반드시 메모해 둘 필요가 있다. 아울러 여권 분실에 대비해 여권 맨 뒤쪽에 있는 연락처란에는 영문으로 주소와 전화번호를 꼭 기입해두는 것을 잊지 말아야 한다. 그러나 귀국편에 분실했다면, 귀국증명서를 발급받아야 귀국할 수 있다. 이 때 소요되는 날짜는 2~3일 정도로 역시 사진과 신청서가 필요하다.

● **신용카드 분실**

여행지에서 신용카드를 잃어버리거나 도난 당한 경우에는 빠른 시간 내에 발행 은행 또는 현지 제휴 은행에 이름과 카드 번호를 통보해야 한다. 분실 신고 절차를 간소화하기 위해서는 소지한 카드의 번호를 미리 수첩에 기입한 후 여행을 떠나는 것이 좋다. 하지만 확실한 방법은 비용이 들더라도 한국에 전화를 걸어 한국의 신용카드 회사에 신고하는 것이다.

● **여행자 수표(T/C)분실**

여행자 수표 분실시 재발행이 가능한 경우는 두 번째 사인이 되지 않은 수표부터이다. 따라서 여행자 수표를 사용할 경우에는 몇 번에서 몇 번까지 사용했는지, 그날그날 사용한 수표번호를 메모하는 습관을 갖도록 한다. 일단 여행자 수표를 분실했을 경우, 가까운 경찰서에서 분실증명서를 발급받고 가맹 은행에 통보해야 되는데, 이 때 분실증명서와 함께 여권, 그리고 여행자 수표로 환전시 발급받은 발행증명서가 꼭 있어야 한다. 그러므로 수표번호를 메모하는 습관과 번호를 기입한 메모는 따로 보관하여 한꺼번에 분실하는 일이 없도록 주의한다.

위의 내용을 정리하면 다음과 같다.

- 현금/여행자수표/신용카드 등 돈과 관련된 것은 분산해서 소지할 것
- 여행자수표의 부본/신용카드 내용/여권사본/예비사진/비상연락처/비상금 등은 철저히 지갑과 분리하여 소지할 것
- 여권은 항상 소중하게 보관할 것

② 병원

1. 의사선생님을 불러주십시오.
お医者さんを 呼んで ください。
오이샤상-오 욘-데 쿠다사이

2. 한국어를 할 수 있는 의사선생님이 있습니까?
韓国語の できる お医者さんが いますか。
캉-코쿠고노 데끼루 오이샤상-가 이마스까

3. 어떻게 된 것입니까?
どうか しましたか。
도-까 시마시따까

4. 상처를 입었습니다.
けがを しました。
케가오 시마시따

5. 허리(여기)가 아픕니다.
腰(ここ)が 痛いです。
코시(코코)가 이타이데스

6. 기침이 나옵니다.
咳が 出ます。
세끼가 데마스

7. 현기증이 납니다.
目眩が します。
메마이가 시마스

8. 설사를 했습니다.

下痢を しました。

게리오 시마시따

---

9. 열이 있습니다.

熱が あります。

네츠가 아리마스

---

10. 한기가 느껴집니다.

寒気が します。

사무케가 시마스

---

11. 초진자카드를 작성해주시기 바랍니다.

初診者カードを 作成してください。

쇼신-샤카-도오 사쿠세-시떼 쿠다사이

---

12. 쓰는 법을 가르쳐주십시오.

書き方を 教えて ください。

카끼카타오 오시에떼 쿠다사이

---

13. 여기가 아프십니까?

ここが 痛いですか。

코코가 이타이데스까

---

14. 언제부터 아팠습니까?

いつから 痛みましたか。

이츠까라 이타미마시따까

---

15. 어제 저녁(오늘 아침/조금 전)부터입니다.

夕べ(今朝 / 少し 前)からです。

유-베(케사/스꼬시 마에)까라데스

16. 체온(혈압)을 재겠습니다.

体温（血圧）を 計ります。

17. 누워보세요.

横に なって ください。

18. 만일을 위해서 엑스레이를 찍어봅시다.

万が一のために レントゲンを 撮って みましょう。

19. 주사를 놓겠습니다.

注射を します。

20. 약은 병원 앞에 있는 약국을 이용하시기 바랍니다.

薬は 病院の 前の 薬屋を 利用して ください。

기슴	간호사	구급차	귀
胸	看護婦	救急車	耳
무네	캉-고-후	큐-큐-샤	미미
눈	등	머리	목
目	背中	頭	首
메	세나카	아타마	쿠비
목구멍	무릎	발목	배
のど	ひざ	足首	お腹
노도	히자	아시쿠비	오나까
병원	소화불량	손	손목
病院	消化不良	手	手首
뵤-잉-	쇼-카후료-	테	테쿠비
수술	심장	어깨	엉덩이
手術	心臓	肩	お尻
슈쥬쯔	신-조-	카타	오시리
위	의사	이	입
胃	お医者さん	歯	口
이	오이샤상-	하	쿠찌
주사	코	팔	허리
注射	鼻	腕	腰
츄-샤	하나	우데	코시

③ 약국

1. 이 근처에 약국이 있습니까?

この 近くに 薬局が ありますか。

코노 치카쿠니 약-교꾸가 아리마스까

2. 똑바로 가셔서 첫 번째 교차로에서 오른쪽으로 가세요.

まっすぐ 行って 1番目の 交差点で 右に 曲がって ください。

맛-스구 잇-떼 이찌밤-메노 코-사텐-데 미기니 마갓-떼 쿠다사이

3. 이 근처에는 없습니다.

この 辺には ありません。

코노 헨-니와 아리마셍

4. 감기약(두통약)이 있습니까?

風邪薬(頭痛薬)が ありますか。

카제구스리(즈츠-야꾸)가 아리마스까

5. 하루에 3번(1번) 식전(식후)에 드시기 바랍니다.

一日 3回(1回) 食前(食後)に 飲んで ください。

이찌니찌 상-까이(익-까이) 쇼꾸젠-(쇼꾸고)니 논-데 쿠다사이

실용단어

소화제	파스	반창고	소독약
消化剤	湿布	絆創膏	消毒薬
소화제	십-뿌	반-소-꼬-	쇼-도꾸자이
멀미약	위장약	해열제	연고
酔い止	胃腸薬	解熱剤	軟膏
요이도메	이쵸-야꾸	게네쯔자이	낭-꼬-

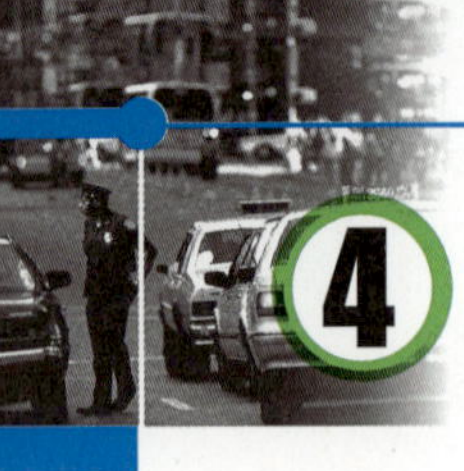

1. 도와주세요.
助けて ください
타스케떼 쿠다사이

2. 괜찮으십니까?
大丈夫ですか。
다이죠-부 데스까

3. 경찰(의사/구급차)을 불러주세요.
警察(お医者さん/救急車)を 呼んでください。
케-사츠(오이샤상-/큐-큐-샤)오 욘-데 쿠다사이

4. 통역할 사람이 필요합니다.
通訳の人が 必要です。
츠-야꾸노 히또가 히츠요데스

5. 한국대사관에 전화해주십시오.
韓国大使館に 電話して ください。
캉-코쿠 타이시깐-니 뎅-와시떼 쿠다사이

6. 지갑(여권)을 뺏겼습니다.
財布(パスポート) を取られました。
사이후(파스포또)오 토라레마시따

7. 이 근처에 파출소가 있습니까?
この 近くに 交番が ありますか。
코노 치카꾸니 코-방-가 아리마스까

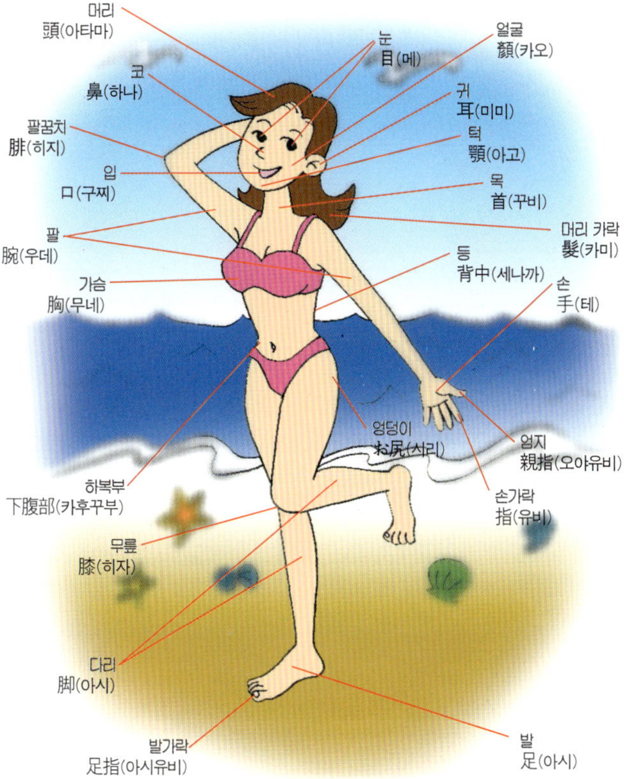

머리
頭(아타마)
눈
目(메)
얼굴
顔(카오)
코
鼻(하나)
귀
耳(미미)
턱
顎(아고)
팔꿈치
腓(히지)
입
口(구찌)
목
首(꾸비)
팔
腕(우데)
머리 카락
髮(카미)
가슴
胸(무네)
등
背中(세나까)
손
手(테)
엉덩이
お尻(시리)
엄지
親指(오야유비)
하복부
下腹部(카후꾸부)
손가락
指(유비)
무릎
膝(히자)
다리
脚(아시)
발가락
足指(아시유비)
발
足(아시)

■ 도쿄 디즈니월드 (Tokyo Disney Land)

어린이부터 어른까지 즐길 수 있는 파크.
영업시간 10:00~21:00(계절 · 요일에 따라 변동) / 휴일 부정기적
- 문의처 045-683-3777 (일본어)
- 소재지 – 지바 현 우라야스 시 마이하마 1-1
- 교통 – JR도쿄 역에서 마이하마 역까지 약 16분. 마이하마 역에서 걸어서 금방.
- URL http://www.tokyodisneyresort.co.jp/

■ 하우스 텐보스 (Huis Ten Bosch)

17세기의 네델란드 거리 전경을 재현한 체재형 리조트. 하루에 다 돌아볼 수 없을 정도로 넓은 부지 안에는 운하가 있으며, 풍차탑과 궁전 등이 정교하게 만들어져 네델란드의 거리 풍경을 재현하고 있다.
- 영업시간 9:00~19:00(계절 요일에 따라 변동) / 휴일 무휴
- 문의처 0956-27-0001 (일본어)
- 소재지 나가사키 현 사요호 시 하우스텐보스초 1-1
- 교통 – 나가사키공항에서 버스로 하우스텐보스까지 약 50분.
- URL http://www.huistenbosch.co.jp/ (일본어 · 영어 · 중국어)

■ 유니버셜 스타지움 재팬 (Universal Studios Japan)

「터미네이터」, 「쥬라기 공원」 등의 세계가 재현된 어트력션은 박력 만점. 또한, 일본판의 어트력션으로서, 우즈 · 뱃카 주연의 애니매 세레브레이션 등도 있다.
- 영업시간 9:00~20:00(월일 · 계절 · 요일에 따른 변동) / 휴일 부정기적
- 문의처 06-4790-7000 (일본어)
- 소재지 – 오사카 시 고노하나구 세이부린카이지쿠
- 교통 – JR선으로 니시쿠조 역에서 유니버셜시티 역까지 약 5분
- URL http://www.usj.co.jp/ (일본어 · 영어 · 중국어 · 한국어) 사진

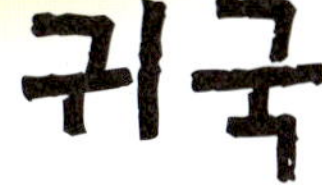

귀국

비행기티켓을 구입할 때 미리 귀국편 이용시 예약확인을 해야 하는지, 하지 않아도 되는지에 대해서 알아두자. 한국의 항공사를 이용할 경우 일본 내에서도 한국직원들이 상담을 하기 때문에 일본어가 필요 없을 수도 있으나, 외국항공사를 이용할 경우 영어나 일본어를 사용하여야 한다.

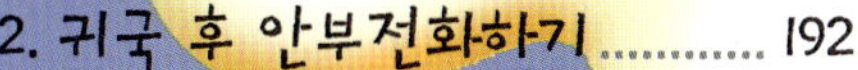

① 예약 재확인

1. 예약 확인을 하고 싶습니다.
リコンファームを お願いします。
리콘-화-무오 오네가이시마스

2. 성명과 비행기편을 알려주십시오.
お名前と フライト ナンバーを お願いします。
오나마에또 후라이토 남-바-오 오네가이시마스

3. 이름은 홍길동이고, 7월 14일 비행기입니다.
名前は ホンギルドンで、7月 14日の 飛行機です。
나마에와 홍길동데 시찌가쯔 쥬-욕-까노 히꼬끼데스

4. 도쿄발 서울행 비행기입니다.
東京発 ソウル行きの 飛行機です。
토-꼬-하쯔 소우루유끼노 히꼬끼데스

5. 네, 확인되었습니다.
はい、ご確認いたします。
하이 고카쿠닝-이따시마시따

6. 공항에는 출발 2시간 전에 오시기 바랍니다.
空港には 出発 2時間 前に 到着するように してください。
쿠-코-니와 슙-빠쯔 니지깐- 마에니 토-챠꾸 스루요니 시떼 쿠다사이

7. 예약을 변경하고 싶습니다.
予約を 変更したいですが。
요야꾸오 헹-꼬-시타이데스가

8. 그 다음날에는 자리가 있습니까?
その次の 日は 空席が ありますか。
소노 쯔기노 히와 쿠-세끼가 아리마스까

9. 공교롭게 그 날은 빈자리가 없습니다.
あいにく その 日は 空席が ございません。
아이니꾸 소노 히와 쿠-세끼가 고자이마셍-

10. 네, 남아있습니다.
はい、残って います。
하이 노콧-떼 이마스

항공권의 재확인 절차, 즉 해당일에 그 항공편을 이용하겠다는 의사를 늦어도 출발 3일(72시간)전 까지 항공사에 알리는 것. 리컨펌이 늦어질 경우 예약 취소로 간주하여 대기자들로 자리를 채우기 때문에 자칫하면 비행기를 타지 못하는 불상사를 초래할 수 있으므로 요주의!

1. 여보세요. 저는 한국의 홍(길동)이라고 합니다만 하야시씨 있습니까?

もしもし、こちらは 韓国の ホンと 申しますが 林さん いらっしゃいますか。

모시모시 코찌라와 캉-코쿠노 홍또 모-시마스가 하야시상- 이랏-샤이마스까

2. 건강하십니까?

お元気ですか。

오겡-끼데스까

3. 네, 덕분에 (잘지내고 있습니다).

はい、おかげさまで。

하이 오카게사마데

4. 홍씨도 건강하십니까?

ホンさんも お元気ですか。

홍-상-모 오겡-끼데스까

5. 잘 지내시죠?

おかわり ありませんか。

오카와리 아리마셍-까

6. 일전에는 정말 신세를 많이 졌습니다.

この間は 本当に お世話に なりました。

고노아이다와 혼-또-니 오세와니 나리마시따

7. 아뇨, 별 말씀을요.

いいえ、とんでも ないです。

이-에 톤-데모 나이데스

8. 저희들도 재미있었습니다.
私たちも たのしかったです。
와따시타찌모 타노시캇-따데스

9. 기회가 있으면 한국에도 놀러오십시오.
機会が あれば 韓国にも 遊びに 来て ください。
키카이가 아레바 캉-코쿠니모 아소비니 키떼 쿠다사이

10. 네, 꼭 가겠습니다.
はい、ぜひ 行きます。
하이 제히 이끼마스

11. 그럼 다시 만날 때까지(안녕히 계십시오).
では、また 会える 日まで。
데와 마따 아에루 히마데

12. 네, 또 전화드리겠습니다.
はい、また お電話 いたします。
하이 마따 오뎅-와 이따시마스

13. 도착하면 연락드리겠습니다.
つき次第 ご連絡いたします。
츠끼시다이 고렌-라꾸이타시마스

14. 다음에 기회가 되면 또 방문하겠습니다.
次の 機会 また お伺いします。
츠기노 키카이 마따 오우카가이시마스

15. 건강하세요.
お元気で。
오겡-끼데

● **예약 재확인 (RECONFIRM)**
출발 72시간 전까지 전화 또는 항공사의 사무소에 예약을 재확인해 둔다.

● **공항 (AIRPORT)**

● **체크인 (CHECK-IN)**
항공사의 카운터에서 여권(passport), 항공권(ticket)을 제시하고 하물(baggage)을 맡기고, 탑승권(boarding card)과 하물인환증(claim tag)을 받는다. 국가에 따라서는 공항세(airport tax)를 지불하는 경우도 있다. 무료수탁하물(free baggage)에는 기내 반입 수하물(carry-on), 탁송하물(checked baggage)이 있다. 하물의 중량이 제한량을 초과한 경우에는 초과 수하물(excess baggage)이 되어 초과요금(excess charge)을 지불해야 한다.

● **세관 (CUSTOMS)**
현지통화의 반입액 이상의 반출은 금지되어 있다. 입국시의 소지금 신고와 출국시의 소지금을 검사하는 경우도 있으므로 주의할 것.

● **출국 수속**
세금환부 수속, 출국심사, 수하물 검사를 마치고 탑승구(Boarding Gate)로 간다.

입국 서류 작성과 입국절차　　　　　Sense Click!!

입국절차는 일반적으로 출국절차와 정반대로 생각하면 된다.

검역설문표 작성 ⇨ 검역 (동 · 식물 검역포함) ⇨ 입국심사 ⇨ 수하물 회수 ⇨ 세관 검사 ⇨ 입국

출국시 신고한 세관 신고 용지 등을 다시 확인하여 꺼내기 쉬운 곳에 넣어두는 게 좋다. 항공기가 도착하면 승객은 자신의 휴대품이나 가방을 가지고 내려야 하며 GATE에 대기하고 있는 항공사 직원들의 안내를 받아 계단 및 에스컬레이터를 이용하여 입국장에 도착할 수 있다.

● **검역**
콜레라, 황역, 페스트 오염지역으로부터 입국하는 승객은 기내 승무원이 배부하는 검역설문표를 작성, 제출하고 여행 중 건강에 이상이 있는 사람은 검역관과 상의하며, 2주 이내에 설사, 복통, 구토 등의 증세가 있으면 가까운 검역소나 보건소에 반드시 신고해야 한다.

● **입국 사열**
여권과 입국 신고서, 여행자 휴대품 신고서 등을 법무부 입국심사관에게 제출하고 입국심사인 날인을 받으면 된다.

● **BAGGAGE CLAIM AREAS**
입국신고를 마치면 승객은 입국장에서 컨베이어벨트 위의 안내판을 보고 항공편을 확인한 후 본인의 수하물을 찾으면 된다.

● **세관 검사**
수하물을 찾은 승객은 스스로 세관 검사대를 선택하여야 하는데 이 검사대는 면세검사대(GREEN CHANNEL)와 과세검사대(RED CHANNEL)로 구분된다. 여권과 여행자 휴대품 신고서를 제출하고 세관검사를 마치면 입국절차가 끝나게 된다.

부록 1

일본 알아보기

1. 일본의 지리

일본은 아시아 대륙의 동쪽 끝에 남북으로 3,000km에 걸쳐 활모양으로 펼쳐져 있다. 일본 국토의 면적은 377,873km^{2}이며 4개의 큰 섬과 주위의 7천 개가 조금 안 되는 작은 섬들로 이루어져 있다. 이들을 총칭하여 일본열도라고 부른다. 4개의 큰 섬은 홋카이도(北海道, 83,000km^2), 혼슈(本州, 231,000km^2), 시코쿠(四国), 규슈(九州)로 이루어져 있다.

일본은 1도(東京都), 1도(北海道), 2부(京都府, 大阪府), 43현(県)으로 나뉘어져 있다.

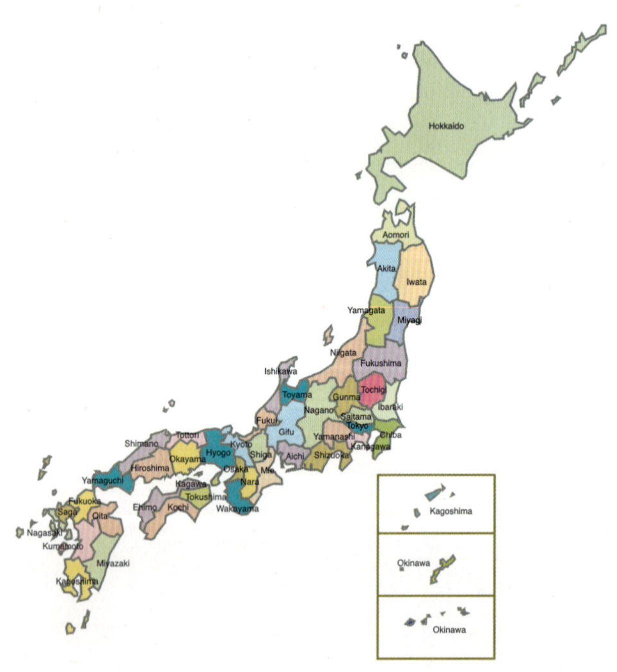

홋카이도	北海道	아오모리	青森
이와테	岩手	미야기	宮城
아키타	秋田	야마가타	山形
후쿠시마	福島	이바라키	茨城
도치기	栃木	군마	群馬
사이타마	埼玉	치바	千葉
도쿄도	東京都	가나가와	神奈川
니가타	新潟	도야마	富山
이시카와	石川	후쿠이	福井
야마나시	山梨	나가노	長野
기후	岐阜	시즈오카	静岡
아이치	愛知	미에	三重
시가	滋賀	교토후	京都府
오사카후	大阪府	효고	兵庫
나라	奈良	와카야마	和歌山
돗토리	鳥取	시마네	島根
오카야마	岡山	히로시마	広島
야마구치	山口	도쿠시마	徳島
카가와	香川	에히메	愛媛
고치	高知	후쿠오카	福岡
사가	佐賀	나가사키	長崎
구마모토	熊本	오이타	大分
미야자키	宮崎	가고시마	鹿児島
오키나와	沖縄		

2. 일본의 인구

일본의 인구는 약 1억 2,600만 명이 넘는다. 대부분은 대도시 주변의 인구 밀집지역에 거주하고 있다. 수도인 도쿄(東京)는 인구가 1,200만 명이 넘는 대도시이다.

3. 일본의 기후

일본도 한국과 마찬가지로 뚜렷한 4계절을 가지고 있다. 또한 남북으로 길고, 복잡한 지형과 해류의 영향을 많이 받아 기후의 지역차가 많이 난다. 여행하기 좋은 것은 역시 봄과 가을이라 할 수 있을 것이다. 남북으로 길게 뻗어있는 지리적인 특성상 열도의 북쪽과 남쪽은 기후뿐만 아니라, 자연의 모습도 상당한 차이가 있어 여행의 재미를 느낄 수 있다.

4. 일본의 국경일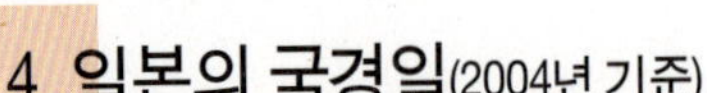(2004년 기준)

1月	1日	설날
1月	12日	성인의 날 (둘째 주 월요일)
2月	11日	건국기념일
3月	20日	춘분
4月	29日	녹색의 날
5月	3日	헌법기념일
5月	4日	국민의 휴일
5月	5日	어린이날
7月	19日	바다의 날 (셋째 주 월요일)
9月	20日	경로의 날 (셋째 주 월요일)
9月	23日	추분
10月	11日	체육의 날 (둘째 주 월요일)
11月	3日	문화의 날
11月	23日	근로감사의 날
12月	23日	천황탄생일

부록 2
일본수사(数詞) 이야기

1. 숫자 읽기

한글	漢字	히라가나	발음
일	一	いち	이찌
이	二	に	니
삼	三	さん	상
사	四	よん、よ、し	용-, 요, 시
오	五	ご	고
육	六	ろく	로꾸
칠	七	なな、しち	나나, 시찌
팔	八	はち	하찌
구	九	きゅう、く	큐-, 쿠
십	十	じゅう	쥬-
십일	十一	じゅういち	쥬-이찌
십이	十二	じゅうに	쥬-니
십삼	十三	じゅうさん	쥬-상
십사	十四	じゅうよん	쥬-용-
십오	十五	じゅうご	쥬-고
십육	十六	じゅうろく	쥬-로꾸
십칠	十七	じゅうなな	쥬-나나
십팔	十八	じゅうはち	쥬-하찌
십구	十九	じゅうきゅう	쥬-큐-
이십	二十	にじゅう	니쥬-

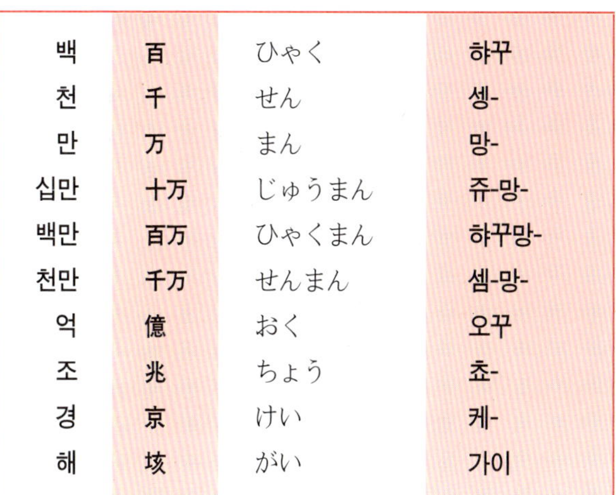

백	百	ひゃく	햐꾸
천	千	せん	셍-
만	万	まん	망-
십만	十万	じゅうまん	쥬-망-
백만	百万	ひゃくまん	햐꾸망-
천만	千万	せんまん	셈-망-
억	億	おく	오꾸
조	兆	ちょう	쵸-
경	京	けい	케-
해	垓	がい	가이

2. 개수 세기

개		つ	쯔
한 개	一つ	ひとつ	히토쯔
두 개	二つ	ふたつ	후타쯔
세 개	三つ	みっつ	밋-쯔
네 개	四つ	よっつ	욧-쯔
다섯 개	五つ	いつつ	이츠쯔
여섯 개	六つ	むっつ	뭇-쯔
일곱 개	七つ	ななつ	나나쯔
여덟 개	八つ	やっつ	얏-쯔
아홉 개	九つ	ここのつ	코코노쯔
열 개	十つ	とお	토-
몇 개		いくつ	이쿠쯔

3. 사람 수 읽기

명	人	にん	닝-
한 명	一人	ひとり	히또리
두 명	二人	ふたり	후따리
세 명	三人	さんにん	산-닝-
네 명	四人	よにん	요닝-
다섯 명	五人	ごにん	고닝-
여섯 명	六人	ろくにん	로꾸닝-
일곱 명	七人	ななにん	나나닝-
여덟 명	八人	はちにん	하찌닝-
아홉 명	九人	きゅうにん	큐-닝-
열 명	十人	じゅうにん	쥬-닝-
몇 명	何人	なんにん	난-닝-

일본 수사이야기

4. 시간과 날짜와 관련된 숫자읽기

월	月	がつ	가쯔
1월	一月	いちがつ	이찌가쯔
2월	二月	にがつ	니가쯔
3월	三月	さんがつ	상-가쯔
4월	四月	しがつ	시가쯔
5월	五月	ごがつ	고가쯔
6월	六月	ろくがつ	로꾸가쯔
7월	七月	しちがつ	시찌가쯔
8월	八月	はちがつ	하찌가쯔
9월	九月	くがつ	쿠가쯔
10월	十月	じゅうがつ	쥬-가쯔
11월	十一月	じゅういちがつ	쥬-이찌가쯔
12월	十二月	じゅうにがつ	쥬-니가쯔
몇 월	何月	なんがつ	낭-가쯔

일	日	にち	니찌
1일	一日	ついたち	츠이타찌
2일	二日	ふつか	후쯔까
3일	三日	みっか	믹-까
4일	四日	よっか	욕-까
5일	五日	いつか	이츠까
6일	六日	むいか	무이까
7일	七日	なのか	나노까
8일	八日	ようか	요-까
9일	九日	ここのか	코코노까
10일	十日	とおか	토-까
11일	十一日	じゅういちにち	쥬-이찌니찌
12일	十二日	じゅうににち	쥬-니니찌
며칠	何日	なんにち	난-니찌

시	時	じ	지
한시	一時	いちじ	이찌지
두시	二時	にじ	니지
세시	三時	さんじ	산-지
네시	四時	よじ	요지
다섯시	五時	ごじ	고지
여섯시	六時	ろくじ	로꾸지
일곱시	七時	しちじ	시찌지
여덟시	八時	はちじ	하찌지
아홉시	九時	くじ	쿠지
열시	十時	じゅうじ	쥬-지
열한시	十一時	じゅういちじ	쥬-이찌지
열두시	十二時	じゅうにじ	쥬-니지
몇 시	何時	なんじ	난-지

초	秒	びょう	뵤-
1초	一秒	いちびょう	이찌뵤-
2초	二秒	にびょう	니뵤-
3초	三秒	さんびょう	삼-뵤-
4초	四秒	よんびょう	욤-뵤-
5초	五秒	ごびょう	고뵤-
6초	六秒	ろくびょう	로꾸뵤-
7초	七秒	ななびょう	나나뵤-
8초	八秒	はちびょう	하찌뵤-
9초	九秒	きゅうびょう	큐-뵤-
10초	十秒	じゅうびょう	쥬-뵤-
몇 초	何秒	なんびょう	남-뵤-

요일	曜日	ようび	요-비
일요일	日曜日	にちようび	니찌요-비
월요일	月曜日	げつようび	게쯔요-비
화요일	火曜日	かようび	카요-비
수요일	水曜日	すいようび	스이요-비
목요일	木曜日	もくようび	모꾸요-비
금요일	金曜日	きんようび	킨-요-비
토요일	土曜日	どようび	도요-비
무슨 요일	何曜日	なんようび	난-요-비

분	分	ふん	훙
1분	一分	いっぷん	입-뿡-
2분	二分	にふん	니훙-
3분	三分	さんぷん	삼-뿡-
4분	四分	よんぷん	욤-뿡-
5분	五分	ごふん	고훙-
6분	六分	ろっぷん	롭-뿡-
7분	七分	ななふん	나나훙-
8분	八分	はっぷん	합-뿡-
9분	九分	きゅうふん	큐-훙-
10분	十分	じっぷん	집-뿡-
몇 분	何分	なんぷん	남-뿡-

권	冊	さつ	사쯔
한 권	一冊	いっさつ	잇-사쯔
두 권	二冊	にさつ	니사쯔
세 권	三冊	さんさつ	산-사쯔
네 권	四冊	よんさつ	욘-사쯔
다섯 권	五冊	ごさつ	고사쯔
여섯 권	六冊	ろくさつ	로꾸사쯔
일곱 권	七冊	ななさつ	나나사쯔
여덟 권	八冊	はっさつ	핫-사쯔
아홉 권	九冊	きゅうさつ	큐-사쯔
열 권	十冊	じゅっさつ / じっさつ	쥬-사쯔 / 짓-사쯔
몇 권	何冊	なんさつ	난-사쯔

자루	本	ほん	홍
한 자루	一本	いっぽん	입뽕-
두 자루	二本	にほん	니홍-
세 자루	三本	さんぼん	삼-봉-
네 자루	四本	よんほん	욘-홍-
다섯 자루	五本	ごほん	고홍-
여섯 자루	六本	ろっぽん	롭-뽕-
일곱 자루	七本	ななほん	나나홍-
여덟 자루	八本	はっぽん	합-뽕-
아홉 자루	九本	きゅうほん	큐-홍-
열 자루	十本	じゅっぽん / じっぽん	쥬-뽕- /집-뽕-
몇 자루	何本	なんぼん	남-봉-

잔	杯		하이
한잔	一杯	いっぱい	입-빠이
두잔	二杯	にはい	니하이
세잔	三杯	さんばい	삼-바이
네잔	四杯	よんはい	욘-하이
다섯잔	五杯	ごはい	고하이
여섯잔	六杯	ろっぱい	롭-빠이
일곱잔	七杯	ななはい	나나하이
여덟잔	八杯	はっぱい	합-빠이
아홉잔	九杯	きゅうはい	큐-하이
열잔	十杯	じゅっぱい	쥽-빠이
몇 잔	何杯	なんばい	남-바이

번지	丁目	ちょうめ	쵸-메-
1번지	一丁目	いっちょうめ	잇쵸-메-
2번지	二丁目	にちょうめ	니쵸-메-
3번지	三丁目	さんちょうめ	산-쵸-메-
4번지	四丁目	よんちょうめ	욘-쵸-메-
5번지	五丁目	ごちょうめ	고쵸-메-
6번지	六丁目	ろくちょうめ	로꾸쵸-메-
7번지	七丁目	ななちょうめ	나나쵸-메-
8번지	八丁目	はっちょうめ	핫-쵸-메-
9번지	九丁目	きゅうちょうめ	큐-쵸-메-
10번지	十丁目	じゅっちょうめ	쥿-쵸-메-
몇 번지	何丁目	なんちょうめ	난-쵸-메-

층	階	かい	카이
1층	一階	いっかい	익-카이
2층	二階	にかい	니카이
3층	三階	さんがい	상-가이
4층	四階	よんかい	용-카이
5층	五階	ごかい	고카이
6층	六階	ろっかい	록-카이
7층	七階	ななかい	나나카이
8층	八階	はっかい	학-카이
9층	九階	きゅうかい	큐-카이
10층	十階	じゅっかい / じっかい	줏-카이 / 직-카이
몇 층	何階	なんがい	낭-가이

핵심 단어 모음

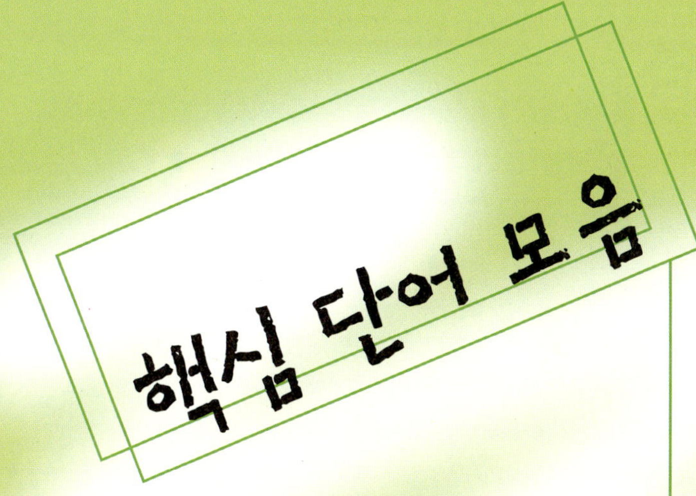

Core Workbook

Core Workbook

Core Workbook

ㄱ

가방(여행용 대형)	トランク	토랑-쿠
가슴	胸	무네
가이드	ガイドさん	가이도상-
가죽	皮	카와
간호사	看護婦	캉-고후
개찰구	改札口	카이사쯔구찌
거스름돈	おつり	오쯔리
건배	乾杯	캄-빠이
검사	検査	켄-사
계란프라이	目玉焼き	메다마야끼
고도	高度	코-도
공원	公園	코-엔-
공중목욕탕	お銭湯	오센-토-
공중전화	公衆電話	코-슈-뎅-와
공중전화박스	電話ボックス	뎅-와복-쿠스
공중전화카드	テレホンカード	테레혼-카-도
관광	観光	캉-꼬-
관광버스	観光バス	캉-코-바스
관광안내지도	観光案内地図	캉-코-안-나이치즈
관광지도	観光地図	캉-코-치즈
광어	ひらめ	히라메
교차로	交差点	코-사텐-
교통노선도	交通路線図	코-츠-로센-즈
구급차	救急車	큐-큐-샤
구두	靴	쿠츠
구명조끼	救命胴衣	큐-메-도-이

구토봉투	嘔吐袋	오-토부쿠로
국제전화	国際電話	콕-사이뎅-와
국제통화	国際通話	코쿠사이츠-와
귀	耳	미미
귀중품	貴重品	키쵸-힝-
금액	金額	킹-가꾸
금연석	禁煙席	금연석
급행열차	急行列車	큐-코-렛-샤
기름종이	油とり紙	아부라토리가미
기본요금	基本料金	키혼-료-킹-
기분	気分	키붕-
기입	記入	키뉴-
기장	機長	키쵸-
길	道	미찌

나일론	ナイロン	나이롱-
난방	暖房	담-보-
날씨	天候	텡-코-
남승무원	スチュワード	스츄와-도
내선번호	内線番号	나이센-방-고-
냉방	冷房	레-보-
냉장고	冷蔵庫	레-조-꼬
넥타이	ネクタイ	네쿠타이
노선도	路線図	로센-즈
눈	目	메
니혼슈(일본술)	日本酒	니혼슈

핵심 단어 모음

다랑어	まぐろ	마구로
담배	タバコ	타바꼬
담요	毛布	모-후
당일치기	日帰り	히가에리
더블침대	ダブルベッド	다부루벳-도
덥다	暑い	아츠이
도미	たい	타이
도착	到着	토-챠꾸
돈까스	トンカツ	통-카쯔
동전	硬貨	코-카
된장국	味噌汁	미소시루
등기	書き留め	카키토메
등	背中	세나카
디지털카메라	デジタルカメラ	데지타루카메라

라디오	ラジオ	라지오
라면	ラーメン	라-멩-
라이타	ライター	라이타-
레인코트	レインコート	레인-코-또
렌트카	レンタカー	렌-타카-
리무진버스	リムジンバス	리무진-바스
립스틱	口紅	쿠찌베니

만석	満席	만-세끼
맞은편	向こう側	무코-가와
매니큐어	マニキュア	마니큐아
매표소	切符売り場	킵-뿌 우리바
맨션	マンション	만-숀-
머리	頭	아타마
멀미약	酔い止め	요이도메
메밀국수	そば	소바
면도기	髭反り	히게소리
몇 갑	何本	남-봉-
모자	帽子	보-시
모퉁이	角	카도
목걸이	ネックレス	넥-쿠레스
목구멍	のど	노도
목	首	쿠비
목적	目的	모쿠테끼
목적지	目的地	모쿠테키치
무릎	ひざ	히자
문방구점	文房具屋	붐-보-구야
밀크티	ミルクティー	미루쿠티-

바지	ズボン	즈봉-
박물관	博物館	하쿠부츠캉-
반지	指輪	유비와

핵심 단어 모음

발목	足首	아시쿠비
발차	発車	핫-샤
방어	ぶり	부리
배	お腹	오나까
백화점	デパート	데파-또
베개	枕	마쿠라
베스트전기	ベスト電器	베스토뎅끼
병원	病院	뵤-잉-
보루	カートン	카-통-
보통열차	普通列車	후츠-렛-샤
봉투	封筒	후-토-
브래지어	ブラジャー	부라쟈-
블라우스	ブラウス	브라우스
비디오카메라	ビデオカメラ	비데오카메라
비상구	非常口	히죠-구찌
비싸다	高い	타카이
비자	ビザ	비자
빅카메라	ビッグカメラ	빅-구카메라
빈차	空車	쿠-샤

사진	写真	샤싱-
산소마스크	酸素マスク	산-소마스쿠
상의	上着	우와기
상태	具合	구아이
새우	えび	에비
샌들	サンダル	산-다루

샛길	中道	나까미찌
샴페인	シャンパン	샴-판-
서비스료	サービス料	사-비스료-
서점	本屋	홍-야
선물가게	お土産の店	오미야게노미세
선물	おみやげ	오미야게
선크림	日焼け止めクリーム	히야케도메쿠리-무
선편	船便	후나빙-
세관	税関	제-깡-
세금	税金	제-킹-
셔츠	シャツ	샤쯔
소고기덮밥	牛丼	규-돈-
소고기	牛肉	규-니꾸
소주	焼酎	쇼-츄-
소지금	所持金	쇼지킹
소포	小包	코즈츠미
소화불량	消化不良	쇼-카후료-
속옷	下着	시타기
손목	手首	테쿠비
손수건	ハンカチ	항-카치
손	手	테
수술	手術	슈쥬쯔
수하물인수처	手荷物受取所	테니모쯔우케토리쇼
숙박료	宿泊料	슈쿠하쿠료-
술	お酒	오사케
슈퍼마켓	スーパー	스-파-
스카프	スカーフ	스카-후
스커트	スカート	스카-또
스케쥴	スケジュール	스케쥬-루

핵심 단어 모음

스타킹	ストッキング	스톡-킹-구
승무원	乗務員	죠-무잉-
(운행)시각표	ダイヤ	다이야
시각표	時刻表	지코쿠효-
시계	時計	토케-
시내버스	市内バス	시나이바스
시내통화	市内通話	시나이츠-와
시트	シーツ	시-츠
식권	食券	쇽-켕-
식사	食事	쇼쿠지
신고서	申告書	싱-코쿠쇼
신고	申告	싱-코쿠
신문	新聞	심-붕-
신사복	紳士服	신-시후꾸
신사	神社	진-쟈
신호등	信号機	싱-고-끼
심장	心臓	신-조-
싱글룸	シングル・ルーム	싱-구루 루-무

아동복	子供服	코도모-후꾸
아이섀도	アイシャドー	아이샤도-
아침식사	朝食	쵸-쇼꾸
아프다	痛い	이타이
액세서리	アクセサリー	아쿠세사리-
약속	約束	야꾸소꾸
약	薬	쿠스리

양말	靴下	쿠츠시타
양복	スーツ	스-츠
어깨	肩	카타
어깨결림	肩凝り	카타코리
어른	大人	오토나
어린이	子ども	코도모
얼음	氷	쿄-리
엉덩이	お尻	오시리
여권	パスポート	파스포-토
여승무원	スチュワーデス	스츄와-데스
연락처	連絡先	렌-라꾸사끼
열쇠	キー	키-
영수증	領収書	료-슈-쇼
예약	予約	요야꾸
오른쪽	右側	미기가와
오이초밥	かっぱ巻き	캅-빠마끼
온천	温泉	온-센-
완구점	おもちゃや	오모챠야
왕복	往復	오-후꾸
왼쪽	左側	히다리가와
요금	料金	료-킹-
우동가게	うどんや	우동-야
우동	うどん	우동-
우론차주	ウーロンハイ	우-론-하이
우체국	郵便局	유-빙-쿄꾸
우체통	ポスト	포스토
운전기사	運転手さん	운-텐-슈상-
울	ウール	우-루
원피스	ワンピース	완-피-스

핵심 단어 모음

위스키	ウイスキー	우이스키-
위	胃	이
위장약	胃薬	이야꾸
윗옷	上着	우와기
유스호스텔	ユースホステル	유스호스테루
유학	留学	류-가꾸
유효기간	有効期間	유-코-키캉-
음료수	お飲み物	오노미모노
의사	お医者さん	오이샤상-
이륙	離陸	리리꾸
이불	布団	후통-
이어폰	イヤホン	이야혼-
이	歯	하
인수증	預かり証	아즈카리쇼-
일상생활용품	身の回りのもの	미노마와리노모노
입구	入り口	이리구찌
입	口	쿠찌
입국심사	入国審査	뉴-코쿠신-사
입국카드	入国カード	뉴-코쿠카-도

자동발매기	自動発売機	지도-하츠바이키
자유석	自由席	지유-세끼
잡지	雑紙	잣-시
장난감	おもちゃ	오모챠
재떨이	灰皿	하이자라
적신호	赤信号	아카싱-고-

전지	電池	덴-치
전화번호부	電話帳	뎅-와초-
전화번호	電話番号	뎅-와방-고-
전화	電話	뎅-와
절	お寺	오테라
정각	定刻	테-코쿠
정류장	停留場	테-류-죠-
정차	停車	테-샤
제과점	パン屋	빵-야
좌석번호	座席番号	자세끼 방-고-
주사	注射	쮸-샤
주소	住所	쥬-쇼
지갑	財布	사이후
지배인	支配人	시하이난-
지불	お支払い	오시하라이
지역번호	地域番互	치이키방-고-
지인(아는 사람)	知り合い	시리아이
지정석	指定席	시테-세끼
지하철 노선도	地下鉄路線図	치카테츠노 로센-즈
지하철	地下鉄	치카테쯔
직행버스	直行バス	쮸-코-바스
짐수레	カート	카-토
짐	荷物	니모쯔

| 차내방송 | 社内放送 | 샤나이호-소- |
| 착륙 | 着陸 | 챠쿠리꾸 |

창측	窓側	마도가와
철도	鉄道	테쯔도-
청바지	ジーンズ	진-즈
청신호	青信号	아오싱-고-
체재	滞在	타이자이
체크아웃	チェックアウト	첵-쿠아우토
초밥집	寿司屋	스시야
초밥	寿司	스시
촬영금지	撮影禁止	사쯔에-킨-시
출구	出口	데구찌
출국	出国	슉-코쿠
출발	出発	슉-빠츠
춥다	寒い	사무이
취하다	酔う	요우
친구	友達	토모다찌

카레라이스	カレーライス	카레-라이스
카메라	カメラ	카메라
카운터	カウンター	카운-타-
컴퓨터	パソコン	파소콩-
코	鼻	하나
코인로커	コインロッカー	코인-록-카
콜렉트콜	コレクトコール	코레쿠토코-루
큰길	大道	오-미찌

탄산주	チューハイ	츄-하이
탑승권	搭乗券	토-죠-켕-
택시정류장	タクシー乗り場	타쿠시-노리바
통로측	通路側	츠-로가와
튀김	てんぷら	템-뿌라
트렁크	トランク	토랑-쿠
트윈베드	ツインベッド	츠인-벳-도
트윈케익	ツインケーキ	츠잉-케-키
특급열차	特急列車	톡-큐-렛-샤

파운데이션	ファンデーション	환-데-숑-
팔	腕	우데
팩스	ファックス	확-쿠스
팸플릿	パンフレット	판-후렛-또
편도	片道	카타미찌
포도주	ワイン	와인-
폴리에스테르	ポリエステル	포리에스테루
표시	印	시루시
필름	フィルム	휘루무

항공권	航空券	쿄-쿠-켕-
핸드백	ハンドバッグ	한-도박-구

향수	香水	코-즈이
허리	腰	코시
현지시간	現地時間	겐-치지깡-
호텔	ホテル	호테루
홍차	紅茶	코-챠
화물	荷物	니모쯔
화장실 휴지	トイレット・ペーパー	토이렛-또 페-파-
화장실	トイレ	토이레
화장품	化粧品	케쇼-힝-
환승	乗り換え	노리카에
회	刺身	사시미
회전초밥집	回転寿司屋	카이텐-스시야
휴일시각표	休日ダイヤ	큐-지쯔다이야
흡연석	喫煙席	키츠엔-세끼

여행자 정보

성 (Family Name)

이름 (First Name)

생년월일 (Date of Birth)

국적 (Nationality)

성별 (Sex)

나이 (Age)

직업 (Occupation)

주소 (Address)

연락처 (Tel. No.)

여권번호 (Passport No.)

비자번호 (Visa No.)

항공권번호 (Air Ticket No.)

항공권 편명 (Flight Name)

여행자 수표번호 (Traveler's Check No.)